추천사

최덕성 박사
브니엘신학교 총장

나의 모교 리폼드신학교(Reformed Theological Seminary)의 현 총장 리건 던컨(J. Ligon Duncan III) 박사의 예배에 관한 이 책이 한글로 번역되어 줄간됨을 기쁘게 생각한다. 이 신학교를 졸업한 나의 후배 김정원 목사가 번역한 이 책을 기쁜 마음으로 추천하는 바이다.

하나님을 예배하는 방식은 매우 중요하다. 하나님이 기쁘게 받으시는 예배 방식이 있기 때문이다. 저자는 성경에서 하나님이 기쁘게 받으시는 예배 방식을 깊이 탐구한다. 성경에 나타난 예배 방식에 대해 핵심 가르침들을 다룬다.

예배의 본질을 오해하거나 예배 방식의 중요성을 짐짓 간과하는 오늘날의 예배 상황에서, 저자는 개혁주의 전통이 간직해 온 "예배의 규정적 원리"(Regulative Principle of Worship)를 강조한다.

저자는 하나님께 드리는 예배가 인간의 창의력이나 문화 전통에 의존하지 않아야 하며, 오직 하나님의 말씀에 근거해야 한다고 말한다. 하나님은 인간이 고안한 예배를 원하지 않으신다.

예배는 성경적이어야 한다. 하나님은 하나님이 계시하신 대로 우리가 그분을 예배할 것을 요구하신다.

"성경을 읽으라, 성경을 설교하라, 성경을 노래하라, 성경으로 기도하라, 성경을 보라."

예배의 모든 측면이 성경의 가르침으로 구성되고, 성경 자체를 따르는 것이어야 한다고 말한다.

저자는 예배의 본질이 시대에 따라 변할 수 없음을 강조한다. 성경에 근거한 보편적 예배 원리가 모든 시대, 모든 문화 상황에서 적용될 수 있음을 역설한다. 올바른 예배 방식은 특정 문화나 전통에 기초를 둔 것이 아니라, 성경적 원리에 근거해야 한다는 점을 강조한다.

그리고 다양한 역사적 사례와 성경 구절을 근거 삼아 왜 규정적 원리가 현대에도 중요하게 적용되어야 하는가를 설명한다. 개인의 창의성이나 취향에 의존하지 않고 오로지 성경의 지침을 따르는 예배 방식이 무엇인가를 제시한다.

하나님이 기쁘게 받으시는 예배를 드리기 원하는가?

이 책은 적은 분량이지만, 성경이 말하는 예배 원리의 핵심들과 하나님이 기쁘게 받으시는 예배의 규정적 원리를 소개한다. 진지하게 하나님이 기쁘게 받으시는 예배가 무엇인가를 알고자 하는 목회자들과 성도들에게 주는 귀한 선물이다.

하나님이 원하시는 예배 방식

Does God Care How We Worship?
Written by J. Ligon Duncan III
Translated by Samuel Kim

This book was first published in the United States
by Presbyterian and Reformed Publishing Company,
1102 Marble Road, P.O. Box 817, Phillipsburg, New Jersey, 08865, USA
with the title *Does God Care How We Worship?*,
copyright © 2020 by J. Ligon Duncan III.
Translated by permission.
All rights reserved.

Korean Edition Copyright © 2024 by Christian Literature Center, Seoul, Korea.

하나님이 원하시는 예배 방식

2024년 10월 10일 초판 발행

지 은 이 | 리건 던컨
옮 긴 이 | 김정원

편　　집 | 전희정
디 자 인 | 소신애
펴 낸 곳 | (사)기독교문서선교회
등　　록 | 제16-25호(1980.1.18.)
주　　소 | 서울특별시 동대문구 천호대로71길 39
전　　화 | 02-586-8761~3(본사) 031-942-8761(영업부)
팩　　스 | 02-523-0131(본사) 031-942-8763(영업부)
이 메 일 | clckor@gmail.com
홈페이지 | www.clcbook.com
송금계좌 | 기업은행 073-000308-04-020 (사)기독교문서선교회
일련번호 | 2024-102

ISBN 978-89-341-2744-4 (93230)

이 한국어판 저작권은 Presbyterian and Reformed Publishing Company와 독점 계약한 (사)기독교문서선교회가 소유합니다. 신저작권법에 의하여 한국 내에서 보호를 받는 저작물이므로 무단 전재와 무단 복제를 금합니다.

목차

추천사　**최 덕 성 박사** | 브니엘신학교 총장　1
서문　　**마크 데버 박사** | Capitol Hill Baptist Church(워싱턴 DC) 담임목사　8

제1장　하나님은 우리의 예배 방식에 관심을 가지시는가?　11

1. 성경, 예배 개혁의 열쇠　11
2. 규정적 원리는 구시대적인가?　20
3. 예배 받으시는 방식에 대한 하나님의 넘치는 관심　25

   1) 가인과 아벨 일화　28

   2) 출애굽 일화　29

   3) 첫 번째 그리고 두 번째 계명　31

   4) 금송아지 일화　46

   5) 바리새적 예배에 대한 예수님의 거절　55

   6) 우물가의 여인에게 하신 예수님의 말씀　60

   7) 골로새 이단에 대한 바울의 거부　66

   8) 고린도를 위한 바울의 지침　69

제2장 성경적으로 지시된 예배의 기초 80

❶ 기초적 실재들 81

1) 하나님의 본질 81

2) 창조주-피조물의 구별 84

3) 계시와 지식의 본질 87

4) 두 번째 계명 89

5) 믿음의 본질 91

6) 신중함의 교리 92

7) 교회의 파생적 권위 94

8) 그리스도인의 자유에 대한 교리 95

9) 참된 경건의 본질 97

10) 우리의 우상 숭배 경향 98

11) 교회사의 증거 101

❷ 그것, 무엇, 누구, 언제, 어디서, 왜, 그리고 어떻게를 알기 103

❸ 예배의 형식과 내용 112

1) 성경을 읽으라 114

2) 성경을 설교하라 114

3) 성경을 기도하라 117

4) 성경을 노래하라 119

5) 성경을 보라 121

6) 단순함 122

7) 성경적 124

8) 전달 가능함 126

9) 유연함 130

10) 경건함 132

서문

마크 데버 박사

Capitol Hill Baptist Church(워싱턴 DC) 담임목사

지금으로부터 이십여 년 전, 나는 목회자들(주로 장로교)의 집회에서 예배에 관한 강의 요청을 받았다. 그 자리는 개혁과 부흥을 주제로 한 미국장로교(Presbyterian Church in America: PCA)의 집회였다. 그 집회는 이후 십 년간 "젊고, 역동적이며, 개혁적인" 운동으로 알려진 세력의 결집이었다.

1999년 9월, 나는 이 주제에 관해 단지 강의할 뿐 아니라 다른 이들로부터 듣기도 하는 특권을 누렸다. 그 집회에서 리폼드신학교(Reformed Theological Seminary)의 신학 교수인 나의 친구 리건 던컨이 한 것보다 더 명확한 강의는 없었다.

이십여 년 후에도, 나는 여전히 리건의 지혜로운 가르침을 적은 노트를 주기적으로 보곤 한다. 그 시절 리건이 우리와 나눴던 보화 중 몇 가지는 이것이다.

- 규정적 원리는 인간적 변덕의 속박에서 우리를 자유케 한다.
- 예배 교리는 교회 교리의 한 부분이다.
- 우리가 원하는 하나님과 스스로 계시는 하나님이 있는데, 둘은 서로 같지 않다.
- 인류의 근본 문제는 무신론이 아니라 우상 숭배다.
- 하나님의 말씀에 하나라도 더하는 것은 말씀에서 빼는 것과 같다.

이어지는 책은 이 요점들을 더 자세히 설명할 것이다.

나는 리건에게 책을 쓰라고 강권했다. 불과 몇 년 후, 리건과 필 라이큰은 제임스 몽고메리 보이스의 기념 문집을 발간했다. 그 문집의 처음 두 챕터는 내가 참 소중히 여긴(정돈되고, 더욱 풍성하고 조직적으로 체계화된, 그러면서도 처음에 나를 놀라게 한 지혜와 신중함의 보화들을 모두 지닌) 리건의 가르침이었다.

우리는 이 글에서 하나님께 나아가는 방법에 관한 성경의 가르침을 새롭게 고찰하고, 명확히 서술하는 역사적 개혁주의 이해의 입문을 발견할 것이다.

너무나 많은 그리스도인이 스스로 자초한 무지의 어둠 속에서 헤매는 오늘날이다.

하나님의 말씀이 우리의 정기적인 공적 예배에 풍성한 빛을 비추신다는 사실은 얼마나 빛나는 발견인가!
이 책을 읽고 도움 얻기를 바란다.

하나님은 우리의 예배 방식에 관심을 가지시는가?

1. 성경, 예배 개혁의 열쇠

기독교 예배의 회복이 일어나야 한다면, 어떤 원리 위에서 일어나야 할까?

우리가 "오직 하나님의 영광"(*Soli Deo Gloria*)을 위해 살아가고 함께 예배드리려면, 무엇이 근본과 모범이 돼야 할까?

복음주의적 기독교인에게 유일한 답은 "오직 성경"(*Sola Scriptura*)이다. 하나님 말씀은 그 자체로 기독교 예배의 원리와 모범을 제시한다. 참된 기독교 예배는 그 책에 의한 것이다. 성경에 따른 것이다. 궁극적으로 오직 성경만이 기독교 예배의 형식과 내용을 지도한다.

이는 16세기의 위대한 종교개혁 가운데 (루터파나 급진적 개혁 전통과 대조적으로, 그리고 특히 로마가톨릭 전통과는 정반대로) 특별히 개혁파에서 꽃피운 개혁주의적 강조점이다.

이 강조점은 칼빈과 다른 1세대 개혁파 신학자들에게서 발견된다. 그것은 존 낙스와 스코틀랜드 전통에서 발견된다. 그것은 엘리자베스 1세 시절부터 공화국, 뒤이은 잉글랜드 비국교도에 이르기까지 잉글랜드국교회(Church of England)의 청교도 전통에서 발견된다. 그것은 침례교회 신앙고백과 회중교회 신조에서도 확고히 자리잡고 있다.

성경의 지침들 위에 분명하게 기초한 하나님에 대한 공적 예배(corporate worship)의 이러한 강력하고 특별한 강조는 "규정적 원리"(regulative principle)로 알려지게 되었다. 그것은 종교개혁의 원칙인 "오직 성경"의 연장선이다.

성경이 신앙과 생활의 최종 권위이듯이, 이는 또한 우리가 어떻게 (분명하고 특별한 방식으로) 공적 예배를 드릴 것인지에 대해서도 최종 권위이다. 모든 생활이 성경에 따라 영위되어야 하나, 성경이 우리 생활의 모든 구체적인 부분에 대해 세세히 말하지는 않는다. 다양한 상황에 대한 구체적인 지침 없이 우리가 반드시 일반적인 성경적 원리들에 의지하여 기독교적으로 생각해 보아야 하는 많은 상황이 있다.

종교개혁자들은 공적 예배의 사안을 이것과는 조금 다르게 보았다. 그들은 이 사안이 기독교적 생활과 하나님의 영원한 목적에서 중심적 의미 중 하나이기 때문에 하나님께서는 그분의 말씀에서 이 사안에 완전히 집중하셨다고 가르쳤다.

그러므로 우리는 이 활동에 대해서는 특별한 종류의 주의(기독교적 생활에서 다른 곳에 갖는 것과는 구별되는 주의)를 기울여야 한다. 하나님은 예배의 가장 중요한 부분은 거룩한 지침을 따르는 문제라는 그런 뜻으로, 우리가 무엇을 하고, 어떻게 해야 하는지를 말씀하셨다. 따라서 분명한 성경의 보장 없이 성경의 일반적 원리와 경건한 상식에 따라 생각함으로써 우리에 의해 결정되도록 남겨진 것은 상대적으로 적다.

개혁 전통의 초기부터 우리 시대까지, 그리고 개혁주의적 진영의 모든 대표적 종파 가운데 이 원칙이 여러 가지 방법으로 서술된 것을 찾기란 어렵지 않다.

예를 들면, 칼빈은 다음과 같이 말했다.

> 하나님은 당신의 말씀에 의해 명시적으로 승인되지 않은 모든 예배 방식을 부정하신다.[1]

벨직 신앙고백서(The Belgic Confession, 32항)와 하이델베르크 요리문답(The Heidelberg Catechism, Q. 96)에 반영돼 있는 대륙의 개혁 전통도 동일한 것을 주장한다.

---

1 John Calvin, *The Necessity of Reforming the Church* (repr., Audubon, NJ: Old Paths, 1994), 7.

1689년 제2차 런던 침례교회 신앙고백서(The Second London Baptist Confession)와 1742년 필라델피아 (침례교회) 신앙고백서(The Philadelphia Baptist Confession)는 함께 다음과 같이 선언했다.

> 참되신 하나님을 예배하는 합당한 방법은 하나님 자신에 의해 제정되었으므로, 하나님 자신의 계시하신 뜻에 제한된다. 그러므로 하나님은 인간의 상상과 고안, 또는 사탄이 제안을 따라 어떠한 가시적 형상들로써 경배할 수 없고, 성경에 규정되지 않은 어떤 방법으로도 경배할 수 없다(22.1).

그들은 또한 이렇게 주장한다.

> 하나님 스스로의 영광과 인간의 구원, 믿음과 삶에 관한 하나님의 전체 경륜(the whole counsel of God)은 성경에 명확히 정리되어 있거나 필수적으로 포함되어 있다. 그러므로 성경에는 언제라도 새로운 성령의 계시든, 인간의 전통이든 추가될 이유가 없다. 그럼에도 불구하고 우리는 하나님을 예배함에 관해 본성의 빛과 기독교적 분별의 지시를 따르는 인간 행동과 사회에 보편적인, 항상 준수되어야 할 성경의 일반 규칙들이 있음을 인식한다(1.6).

사보이 선언(The Declaration of Faith and Order, 1658), 웨스트민스터 신앙고백서의 회중파 수정안(The Congregationalist emendation of the Westminster Confession, 1647)은 동일한 원리를 주장한다.

더욱 최근에 성공회의 데이비드 피터슨(David Peterson)은 예배를 다음과 같이 정의한다.

> [예배는] **하나님께서 제시하신 조건에 따라**, 그리고 오직 하나님만이 가능하게 하시는 방법으로 맺는 하나님과의 교제이다.[2]

좀 더 구체적으로, 휴즈 올드(Hughes Old)는 "규정적 원리"라는 용어를 사용하지는 않지만, 그럼에도 그는 웨스트민스터 총회(the Westminster Assembly)를 만족시켰을 이 근본적인 개혁주의적 공적 예배 원리에 대해 이렇게 설명한다.

예배에서 우리가 행하는 대부분은 하나님께서 우리에게 그것을 행하라고 명하셨기 때문에 행한다. 바로 이 이유로 우리는 복음을 설교하고, 시편과 찬송가로 하나님을 찬양하며, 기도 가운데 하나님을 섬기고, 그리스도의 이름으로

---

2   David Peterson, *Engaging with God: A Biblical Theology of Worship* (Grand Rapids: Eerdmans, 1992), 20 (emphasis added).

세례를 준다.

예배에서 우리가 행하는 어떤 일들은 성경에서 구체적으로 배운 것이기 때문이 아니라, 성경에 부합되기 때문이다. 그것이 의미하는 바는 예배에서 우리가 행하는 어떤 일들은 성경적 원리에 의해 요구되는 것들이기 때문에 행한다는 것이다. 예를 들어, 우리는 성부와 성자와 성령의 이름으로 세례를 주는데 이는 이것이 성경에 구체적으로 지시되어 있기 때문이다.

세례 전에 성령께서 외적 표지에 약속된 것을 내적으로 성취해 주시기를 구하며 세례 기도를 드리는 것은 성경적 원리에 기초한 것이다. 우리는 예배의 기본적 활동들이 성경에 명확하게 명령되어 있으므로 그것들을 수행한다. 그 활동들을 하는 방법과 수단들을 우리는 성경적 원리에 따라 정리하려고 한다.

어떤 것이 구체적으로 명령되거나, 규정되거나, 지시되지 않을 때, 또는 우리가 예배의 특정한 어떤 부분을 어떻게 수행해야 하는지 우리를 인도하는 성경적 예시가 없을 때, 우리는 그럼에도 불구하고 성경적 원리들에 의해 인도받으려 노력해야 한다.[3]

---

3 Hughes Oliphant Old, *Worship That Is Reformed according to Scripture* (Atlanta: John Knox, 1984), 171. 『성경에 따라 개혁된 예배』 (CLC, 2020).

여기서 논의되고 있는 것은 우리가 행하는 모든 것에는 반드시 성경적 근거가 있어야 한다는 점이다. 그 근거는 명시적 지시들, 암시적 요구들, 성경의 일반 원리들, 제정된 명령들, 사례들, 그리고 선하고 필수적인 결과에서 도출된 것들의 형태로 제공될 수 있다.

예배에 대한 이러한 개혁적 접근 방식의 공식들은, 어떤 구체적인 성경적 명령이 없는 가운데 다만 성경적 원리들과 성화된 이성과 일반계시의 영향 아래서 신실한 성경적 기독교적 사고에 따라서는 공적 예배에 관해 덜 중요한 것들이 결정된다는 점을 또한 인정한다.

(예를 들어, 주보를 사용할 것인지, 몇 시에 예배가 시작돼야 하는지, 얼마나 길게 드릴 것인지, 어디서 만날 것인지, 성직자들과 회중은 무엇을 입을 것인지, 찬송가를 사용할 것인지, 찬송이 어떻게 인도돼야 하는지 같은 것).

그러나 우선적인 것(중심 요소, 주요 부분, 본질적인 것)은 제정된 근거를 가진다. 부수적인 것과 비본질적인 것은 성경적 원리에 의해 인도받게 될 것이다.

이 원리를 정교하게 하고 더 명료하고 유용하게 만들기 위해서 개혁파 신학자들은 공적 예배의 본질(규정된 부분이나 요소의 내용), 예배 요소(구성 요소과 구체적 부분), 예배 형식(이러한 예배 요소들이 실행되는 방식), 그리고 예배 상황(말씀에는 구체적으로 명령되어 있지 않지만 반드시 결정을 요구하는 부수적 사안)

에 관해 말한다.

개혁파 신학자들은 예배의 전체 본질은 반드시 성경적이어야 한다고 주장한다. 성경에서 온 단어들만 사용할 수 있다는 것이 아니라, 예배에서 행해지고 말해지는 모든 것은 건전한 성경적 신학에 부합해야 한다는 것이다.

각 구성 요소의 내용은 반드시 하나님의 말씀에 계시된 하나님의 진리를 전달해야 한다. 그들은 또한 하나님은 예배에서 그분이 원하시는 요소들을 구체적으로 명하셨다고 주장한다(말씀 읽기, 말씀 설교, 찬송, 기도, 성례의 집행, 맹세와 서약 등). 이것들에 또 이것들로부터 우리는 더해서도 빼서도 안 된다. 요소의 형식에 대해서는 어느 정도 변동이 있을 것이다.

다양한 기도가 드려질 것이고, 다양한 노래가 불릴 것이며, 다양한 성경 구절이 읽히고 설교될 것이고, 때때로 예배의 구성 요소들이 재배열될 것이고, 간헐적 요소들(성례, 맹세, 그리고 서약 같은)은 다양하게 정해진 시간들에 수행될 것이다.

이런 사안에는 어떤 인간적 분별력이 발휘될 필요가 있다. 바로 여기서 일반적인 성경적 원리, 패턴, 그리고 균형의 지도에 따른 기독교적 상식이 결단을 내려야 한다.

마지막으로, 우리가 앉을 것인지 설 것인지, 장의자를 가질 것인지 개인 의자를 가질 것인지, 교회 건물에서 만날 것인지 상가에서 만날 것인지, 찬송가를 갖고 부를 것인지 기억하여 부를 것인지, 주일 예배를 몇 시에 드릴 것인지 같은 상황들은 구체적인 성경적 지도가 없는 가운데 결정되어야 한다.

따라서 (앞서 언급된 양식들처럼) 그런 사안들은 "말씀의 일반적 법칙들을 따라서 본성의 빛과 기독교인의 신중한 분별"[4]에 의해 행해져야 한다.

이 규정적 원리의 신실한 시행을 통해서, 다양한 개혁 교회가 기독교 혁신을 가져왔고, 기독교 역사상 유례없는 제자도 프로그램을 세웠으며, (비록 규모와 질이 줄어들었지만) 오늘날까지 살아남은 하나의 문화를 만들었고, 공적 예배의 사도적 규범들이 활기를 되찾게 했다.

본 장은 하나님께서 의도하신 대로의 공적 예배에 필수적 원리이자 선행 요건으로서 복음주의 교회 내에 그것(규정적 원리)의 신중한 재도입을 촉구한다.

이것이 보이스 박사(Dr. Boice)가 다음과 같이 제기한 요청이다.

> 우리는 성경적 계시에 기초해서 … [그리고] 성경의 교리를 따라서 예배드려야 한다.[5]

---

[4] Westminster Confession of Faith 1.6; Baptist Confession of Faith 1.6.

[5] James Montgomery Boice, *Whatever Happened to the Gospel of Grace? Recovering the Doctrines That Shook the World* (Wheaton, IL: Crossway, 2001), 188.

규정적 원리의 주요한 유익은 성경 곧 (우리 스스로의 의견, 취향, 기호, 그리고 이론이 아닌) 하나님 스스로의 특별계시가 우리의 행위와 공적 예배에 대한 접근에 있어 가장 중요한 요소라는 것을 확신케 함으로써, (사람이 아니라) 하나님이 공적 예배가 어떻게 드려져야 하는지에 관해 최고 권위시라는 것을 확신하게끔 돕는다는 점이다.

2. 규정적 원리는 구시대적인가?

그러나 규정적 원리는 많은 복음주의자에게 시대에 뒤떨어진 것으로 여겨진다. 그들은 이 원리를 예배에 대한 하나의 역사적 표현으로는 보지만, 이것이 필요하고 오늘날에도 적용 가능한 것이라고 확신하지는 못한다.

이 역사적 개혁주의 예배관에 대한 보다 더 지적인 비평들 가운데 몇몇은 이것을 단지 17세기 스콜라주의 신학자들에 의해 발명된, 칼빈의 접근보다 더 협소한, 정통 기독교가 있는 대부분의 곳에서는 수용되지 않는 북유럽 문화의 특징으로서 청교도 원리로만 간주한다.[6]

---

[6] 이런 종류의 비평은 R. J. 고어(R. J. Gore)의 *Covenantal Worship: Reconsidering the Puritan Regulative Principle* (Phillipsburg, NJ: P&R Publishing, 2002)에서 발견할 수 있다. 그리고 아마도 "Reformed Worship in

그러나 많은 복음주의자가 규정적 원리를 받아들이기 어려워하는 주된 이유는, 그들이 하나님께서 그의 말씀에서 어떻게 공동으로 예배드려야 하는지 우리에게 말씀하신다(또는 그것에 관해 우리에게 많이 말씀하신다)는 것을 믿지 않기 때문이라고 말하고 싶다.

복음주의자들은 한 세기 또는 그 이상이 지나도록 성경이 교회 보편에 관해 가르친다는 것에 있어서, 그리고 교회론(교회에 대한 교리)의 상대적 중요성을 평가하는 데 있어서 모든 개신교도 가운데 가장 최소한의 생각을 가져왔다.

그들은 교회 정치가 말씀에 분명하게 확립돼 있다는 것을 일반적으로 믿지 않는다. 그들은 보통 지상명령의 성취 또는 기독교적 제자도의 과업에 지역교회를 필수적인 것으로 보지 않는다. 그들은 질서를 자유를 제한하는 것으로 의심한다.

그들은 일반적으로 만인제사장직과 지역교회의 자율권을 설립된 교회의 교육권과 신앙고백적 신학, 그리고 (성경 이래로) 시대를 거쳐 온 성도의 교제(*communio sanctorum*)에 대한 증언에 대항해서 나란히 세워 둔다. 결과적으로 예배론은 성경이 교회론에 관해 가르치는 것의 일부분이기 때문에, 그들은

---

the Global City," in *Worship by the Book*, ed. D. A. Carson (Grand Rapids: Zondervan, 2002), 193-99에 있는 팀 켈러의 코멘트에 암시되어 있는 것 같다.

공적 예배의 시행에 관한 중요하고 결정적인 교훈의 방식에 있어서 일반적으로 많은 것을 기대하지 않게 된다.

그러므로 이를 다르게 다시 말하면, 오늘날 복음주의 교회에서 예배 개혁의 유일하고 가장 큰 장애물은 우리가 어떻게 공동으로 하나님을 예배해야 하는가(즉, 예배에 어떤 요소들이 들어가야 하는지, 잘 구성된 예배에는 어떤 요소들이 항상 있어야만 하는지, 예배에 속해서는 안 되는 것들은 무엇인지)에 대한 상세한 지침들이 신약의 기독교인에게 거의 없거나 아예 없다는 복음주의의 보편적 신념이다.

좀 더 구체적으로 말하면, 우리가 기독교 윤리학에서 모든 윤리적 행동은 어떠한 기준(규범), 동력(누군가로 하여금 규범을 숙고하여 행동할 수 있게 하는 또는 힘을 주는 것), 동기(누군가가 행동하도록 압박하는 것), 그리고 목표(행동의 최종적 대상[들] 또는 목적[들])가 있다고 배운 것을 상기해 볼 때, 우리는 복음주의자들이 기독교 예배의 동력(성령의 은혜)과 동기(은혜에 대한 감사, 하나님을 향한 열정)는 중시하지만, 기준(성경)과 목표(하나님을 영화롭게 하고 즐거워하는 최고의 목적)는 경시한다고 말할 수 있다.

물론, 복음주의자들은 예배가 중요하다고 생각하지만, 또한 그들은 자주 예배를 하나님을 영화롭게 하는 것과 즐거워하는 것보다는 다른 어떤 목적을 위한 수단으로 본다.

누군가는 예배를 전도로 보고(따라서 그 목표를 오해함), 누군가는 한 사람의 마음, 의도, 동기, 그리고 진지함이 우리가 어떻게 예배드리느냐에 있어 유일하게 중요한 것이라고 생각하며(따라서 예배에 대한 성경의 기준, 원리, 규칙을 경시한다), 누군가는 예배 경험의 감정적 결과를 '좋은' 예배의 최고 요소로 본다(따라서 모든 예배자에게 감정 표현에 대한 특정한 문화적 의견을 자주 무의식적으로 강요하며 주관성을 지나치게 강조함).

복음주의자들은 예배에 관해 이런 것들을 믿지만, 그들은 예배드리는 방식이나 우리가 예배에서 무엇을 해야 하고 하지 말아야 하는지에 관해 많은 성경적 원리가 있다고 생각하지 않는다.

부분적으로 이것은 옛 언약과 새 언약에서의 하나님 백성의 예배 사이에 있는 불연속성의 명확한 본질에 관한 이해할 수 있는 오해의 결과일 수 있다.

대체로 복음주의자들은 그리스도의 오심에 대한 히브리서와 나머지 신약성경의 요점을 옛 언약의 정교한 의식적 예배(ceremonial worship)의 예표와 그림자의 종료로 파악했다.

따라서 다시금 정당하게 그들은, 옛 언약 예배의 제의적 의식주의를 기독론적 형태로 다시 부과하고 재적용하려 하거나, 또는 계시의 예전적 상징주의(그 자체는 옛 언약의 예배 관행에 기초한)를 새 언약의 전투하는 교회에 규범으로 삼으려고 시도하는 고교회파(high church) 전통들(로마가톨릭, 동방정

교회, 성공회-가톨릭)의 접근법을 거절했다. 복음주의자들은 이러한 접근법이 혼란을 야기할 뿐 아니라, 틀렸고 비성경적이라는 것을 안다.

결과적으로, 비록 복음주의자들은 구약성경이 이스라엘이 예배에서 무엇을 해야만 했는지에 대한 지침들을 가지고 있다는 것을 알지만, 만일 구약성경에서 기독교 예배를 위해 얻을 수 있는 원리들이 있다고 하더라도 거의 없다고 생각하는 경향이 있다.

또는 신약성경은 마음, 성령의 활동을 강조하고 '삶 전체의 예배'가 이러한 구약 원리들을 대체한다고 생각하거나, 신약성경은 공적 예배의 방식에 대해 거의 혹은 전혀 말하지 않는다고 생각하거나, 심지어 일부 사람들은 공적 예배라는 범주가 하나님의 경륜에 대한 새 언약의 표현에서는 완전히 사라졌다고 생각하기도 한다.

그러나 이러한 추론들은 고교회적 접근법들이 다른 방향에서 틀린 것처럼 어떤 방향에서 틀린 것이다. 또한, 이러한 추론들은 놀라울 것 없이 복음주의가 하나님 백성의 회집 예배에 대한 그 접근에서 개인에는 강하지만, 공동체에는 약하며, 주관에는 강하지만, 객관에는 약하고, 마음에는 강하지만 원리에는 약한 채로 개인주의, 상대주의, 그리고 상황주의 문화에 둘러싸이게 한다.

3. 예배 받으시는 방식에 대한 하나님의 넘치는 관심

그렇지만 하나님은 우리가 어떻게 예배드리는가에 대해 참으로 아주 많은 관심을 기울이신다는 것을 성경 전체를 통해 충분히 명확하게 하셨다.

'하나님은 우리의 예배 방식에 관심이 있으신가?'

이 질문에 대해 구약성경뿐만 아니라 신약성경도 단호히 그러하다고 답한다.

성경 어디서 이것을 가르치는가?

분명한 한 곳은 레위기와 함께 출애굽기 25-31, 35-40장에서 발견되는 성막 예배를 위한 세부 규정이다.

예를 들어, 성막과 성소 기구들에 대한 거룩한 지침들 가운데 있는 출애굽기 25장은 하나님의 백성이 예배드리는 방법에 대해 최소한 세 가지 측면을 요구한다(이로써 예배의 기준, 동기, 그리고 목표와 간접적으로는 동력을 다룸).

첫째, 이스라엘의 예배는 자발적 예배여야 했다. 성소에 예물을 바치는 자는 "기쁜 마음으로"(every man whose heart moves him, 출 25:2) 바치는 자라야 한다(출 32:2의 금송아지 사건의 경우와 대조적인 것에 주목하라). 만일 예배가 하나님의 은혜에 대한 감사로부터 샘솟지 않는다면, 만일 하나님이 누구이신지 그리고 그분이 행하신 것에 대한 진심 어린 반응이 아니라면, 그 예배는 헛되다.

둘째, 참된 예배는 (언약 자체의 목표와 같이) 살아 계신 하나님과의 영적 교제를 염두에 둔다. 하나님은 그분의 백성 "중에 거할" 성소의 건축을 명령하신다(출 25:8). 이것이 바로 백성들 스스로 성막을 짓고 그리로 나아올 때 마음에 간직하게끔 하시려는, 예배의 옛 언약 규례 속에 두신 하나님의 목적이다.

"나는 너희의 하나님이 되고 너희는 내 백성이 될 것이라"는 언약의 핵심이자 목적이고, 또한 예배의 핵심이자 목적이다. 만일 예배가 이것보다 못한 무언가를 목적으로 한다면, 그것은 전혀 예배가 아니고 텅 빈 대용품에 불과하다.

셋째, 하나님 예배는 그분의 지침들을 따라 신중하게 정렬돼야 한다. 하나님의 주도권은 성막 설계에 있어서 주된 것이다(금송아지 사건과 대조적이다). 하나님은 성막과 그 모든 기구들이 "이 산에서 네게 보인 양식대로" 만들어져야 할 것을 요구하셨다(출 25:40).

백성들의 창의력도, 심지어 그것을 만들 장인들의 창의력도 아니라 하나님의 계획이 그분의 백성이 그분을 만날 장소를 만드는 데 있어 결정적 요소였다(그리고 이 예배를 섬길 제사장들의 모든 행동에 있어서).

본질적으로 이것은 종교개혁자들이 기독교 예배의 근본 원리(규정적 원리로 알려지게 된 접근법)로 보았던 것이다.

요약하면, 이 원리는 예배란 그 내용, 동기, 그리고 목적이 오직 하나님에 의해 결정되어야 한다고 설명한다. 하나님은 우리가 그분에 대해 어떻게 생각해야 하는지 그리고 어떻게 그분께 나아가야 하는지 가르치신다. 우리가 그분의 지침들로부터 멀어질수록, 우리가 실제로 예배하는 것은 줄어든다.

그러나 많은 세련된 복음주의 신학자가 이 점에 반대하며 "그래, 이 원리는 성막 예배에는 맞았지만, 새 언약의 예배에는 맞지 않는다"라고 말한다.

이 반론 뒤에 있는 생각은, 구약의 성막 예배가 그 독특한 예표적 중요성 때문에 하나님께서 구약과 신약 어디에도 그분 백성의 공적 예배에 적용하지 않으신 독특한 요구 조건들로써 보호되었다는 것이다. 그러므로 그들은 비록 우리의 예배가 (삶의 나머지 부분과 동일한 방식으로) 성경적 원리들의 인도를 받아야 하지만, (성막 예배처럼) 말씀에 의해 명확하게 보증된 것에 제한받지는 않는다고 말한다.[7]

그러나 성경, 전체 성경은 이 입장과 배치된다. 예배의 방식(그것의 기준, 동기, 동력, 그리고 목표)에 관한 하나님의 관심

---

7 존 프레임(John Frame)은 *Worship in Spirit and Truth* (Phillipsburg, NJ: P&R Publishing, 1996), 특히 xii-xiii, 44-45에서 이런 종류의 주장을 한다(비록 다른 이들만큼 급진적이진 않지만, 이것은 언급되어야 한다).

에의 강조는 의식 규정뿐 아니라 도덕법에도, 모세오경뿐 아니라 선지서에도, 구약뿐만 아니라 신약에도, 바울뿐만 아니라 예수님의 가르침에서도 넘쳐난다. 아래의 부분들을 생각해 보라.

1) 가인과 아벨 일화

특별계시 맨 처음, 곧 여자의 후손과 뱀의 후손 타락 후 기사인 가인과 아벨의 기록에서 필수 요소가 발견된다(창 4:3-8). 아벨은 "양의 첫 새끼와 그 기름"을 드렸고 가인은 "땅의 소산"으로 드렸는데, 여호와께서는 "아벨과 그의 제물은 받으셨으나 가인과 그의 제물은 받지" 않으셨다.

왜 그러셨는가?

이 서사는 상세하진 않지만 답을 시사한다. 이 형제들 각각의 제물 간 대조적 언급과 결부된 주님의 책망("네가 선을 행하면 어찌 낯을 들지 못하겠느냐")은 가인의 제물이 하나님의 요구 조건들의 기준(그리고 그것들이 무엇인지에 대해서는 명확히 설명되지 않았는데, 이는 모세가 독자들이 미리 생각하기를 기대하지 않는 한 그렇다)에 모자라거나 또는 제물을 드리는 그의 마음 태도/동기가 결함이 있었음을 나타낸다.

다시 말해서, 가인은 영으로든 진리로든 또는 그 둘 모두에 있어서 예배에 실패했다. 예배 방식이 그 기준이나 동기에 있어서 부족했고, 이 때문에 하나님은 가인의 예배를 거절하셨다.

따라서 예배의 시작과 그 중요성에 대한 강조로 충만한 창세기 부분 곧 계시의 시초에서, 하나님은 모든 독자와 청자에게 그분이 그의 백성이 예배로 당신께 나아오는 방식에 있어 매우 까다로우시다는 점을 경고하신다.

그것은 시내산에서 도덕법이 강론되기 전이다. 그것은 결코 출애굽기의 성막 예배 또는 레위기적 제도와 연관되지 않는다. 이 일화는 그런 것들이 선언되기 이전에 하나님께서 우리의 예배 방식에 관심이 있으시다는 것을 우리에게 알려 준다.

2) 출애굽 일화

하나님은 공적 예배를 중시하시고, 따라서 우리를 예배 방식에 대한 관심으로 이끄신다는 이 굉장히 중요한 사실을 보여 주는 또 다른 원리가 출애굽기의 위대한 구속 서사에 기초하고 있다.

예를 들면, 출애굽기 전체 기록, 특히 출애굽기 3:12부터 하나님의 백성이 그분을 예배할 수 있도록 하려고 구속되었다는 것을 강조한다. 모세의 소명 자체가 하나님의 백성이 그분을 예배할 수 있도록 하는 것이다. 이를 위해 하나님께서 모세를 애굽에 보내신다는 것을 강조한다.

아래 단락들에 반복되는 강조 사항에 귀 기울이라.

> 네가 그 백성을 애굽에서 인도하여 낸 후에 너희가 … 하나님을 섬기리니(출 3:12).

> 우리가 우리 하나님 여호와께 제사를 드리려 하오니 사흘 길쯤 광야로 가도록 허락하소서(출 3:18).

> 내 아들을 보내 주어 나를 섬기게 하라(출 4:23).

> 내 백성을 보내라 그러면 그들이 광야에서 내 앞에 절기를 지킬 것이니라(출 5:1).

> 우리가 광야로 사흘 길쯤 가서 우리 하나님 여호와께 제사를 드리려 하오니(출 5:3).

이 반복되는 표현을 과소평가하지 말라. 이는 단지 바로가 이스라엘 자손을 잠시 놓아주게 하려는 책략이 아니다. 이것은 하나님께서 그분의 백성을 자유케 하시는 가장 주된 이유, 즉 그분을 예배하는 것 때문이다. 그러므로 신자의 삶에서 예배의 우선성은 정의되어 있다.

우리는 예배드리기 위해 구원받았다!

물론, 이 단락들은 삶 전체의 예배와 공적 예배의 구체적 활동 모두에 대한 관심을 반영한다. 그러나 출애굽기에 나타난 성막 이전 시대의 예배에 관한 모세의 표현과 교훈에 있는 공적 예배의 특정한 활동에 대한 강조는 공적 예배에 대한 우리의 접근이 신중하도록 가르친다.

예를 들어, 이 가르침은 예배의 두 유형의 구별(찬양 모임과 삶의 섬김)에서, 그 예배 모임의 구체적 내용에 대한 묘사에서, 예배 모임의 첫 장소(하나님께서 보이신 그 산)에 대한 관심에서, 도덕법에 있는 공적 예배에 관한 규정 포함에서, 금송아지 반역 사건에 이은 공적 예배 남용에 대한 매우 강조된 기록에서 분명하게 나타난다.

3) 첫 번째 그리고 두 번째 계명

하나님께서 단지 공적 예배의 대상뿐만 아니라 공적 예배의 방식에도 관심을 가지신다는 것에 대한 근본적인 표시는 도덕법 그 자체에 기초하고 첫 번째 그리고 두 번째 계명(출 20:2-6)에 나타나 있다. 이 계명들이 어떻게 번호가 매겨지든 간에, 본문은 여전히 두 가지 요점을 전달한다.

> 나는 너를 애굽 땅, 종 되었던 집에서 인도하여 낸 네 하나님 여호와니라 너는 나 외에는 다른 신들을 네게 두지 말라 너를 위하여 새긴 우상을 만들지 말고 또 위로 하늘에 있는 것이나 아래로 땅에 있는 것이나 땅 아래 물속에 있는 것의 어떤 형상도 만들지 말며 그것들에게 절하지 말며 그것들을 섬기지 말라 나 네 하나님 여호와는 질투하는 하나님인즉 나를 미워하는 자의 죄를 갚되 아버지로부터 아들에게로 삼사 대까지 이르게 하거니와 나를 사랑하고 내 계명을 지키는 자에게는 천 대까지 은혜를 베푸느니라(출 20:2-6).

여기서 하나님은 오직 하나님만 예배 받으셔야 할 뿐 아니라, 그분은 형상을 통해 예배되셔서는 안 된다는 것도 말씀하신다. 더욱이 하나님은 이 사안들에 대한 그분의 극도의 예민함을 강조하신다.

형상 사용의 언급은 이 본문을 공적 예배에 대한 관심에 고정시킨다(물론 이 본문에 삶 전체의 예배에 대한 암시들이 있다 하더라도). 단지 성막의 의식 제도만이 아니라 영원하고 지속적인 도덕법을 표현하는 이 본문은 "예배에서의 신중함"에 대한 개혁주의적 관심의 바로 그 기초가 된다.

하나님은 예배의 대상과 방법에 대해 아주 적극적이시라는 것을 나타내시는 까닭에 우리는 예배의 대상과 방법에 대해 극도로 신중해야 한다. 이를 행하는 최고의 방법은 규정적 원리를 따르는 것이다.

이 열 가지 말씀 자체는 단지 한때의 사회적, 종교적, 도덕적 규범들의 계시가 아니라 하나님 스스로의 본성을 드러내신 것이다.

첫 번째 계명은 우리에게 유일하신 하나님 여호와를 보여 준다.

두 번째 계명은 심지어 우리가 그분과 관계 맺는 방법에 있어서도 절대적이신 하나님을 증거한다(우리가 우리 스스로의 인간저인 범주들과 구상들에 따라 하나님을 생각해서도 예배해서도 안 된다는 것, 그리고 반드시 그분의 율법 조항들과 계시에 의해서만 그분을 알고 영화롭게 해야 한다는 것을 거기서 우리에게 가르쳐 주기 때문에).

이 명령들은 우리에게 제일 먼저 하나님이 어떠한 분인지 가르쳐 주기 때문에, 그것들은 또한 우리가 하나님을 어떻게 생각해야 하느지 그리고 하나님을 어떻게 예배해야 하는지에 대한 영원한 지침을 제공해 주고, 우리가 그분을 어떻게 생각하고 예배하는지에 매우 큰 관심을 보이신다는 사실을 가르쳐 준다.

두 번째 명령에 대한 신중한 고찰에서 세 가지 요점이 나온다.

(1) 하나님의 말씀이 반드시 하나님에 대한 우리의 지식을 다스려야 하고, 따라서 말씀이 다스리는 예배가 필수적이다

신적 계시가 반드시 하나님에 대한 우리의 생각을 통제해야 하지만, 예배는 하나님에 대한 우리의 생각에 관여하기 때문에, 하나님의 계시가 하나님에 대한 우리의 사유에 우선적으로 자리매김하기 위한 유일한 방법은 하나님의 계시가 하나님에 대한 우리의 예배를 통제하는 것이다.

하나님의 자기를 나타내심과 자기 계시가 그분에 대한 우리의 개념을 지배해야 하므로 하나님의 백성은 하나님이나 신들의 형상을 만들어서는 안 된다.

> 너를 위하여 새긴 우상을 만들지 말고 위로 하늘에 있는 것이나 아래로 땅에 있는 것이나 땅 아래 물속에 있는 것의 어떤 형상도 만들지 말며(신 5:4).

여기서 우상이나 조각한 형상, 새긴 형상은 문자 그대로 어떤 형상으로 잘라 깎아진 것을 의미한다. 따라서 이 명령은 이스라엘에는 하나님을 나타내는 형상이 있어서는 안 된다는 것을 요구한다.

출애굽기 20:4의 어법은 어떤 이유로든 하나님 혹은 신들의 형상 만들기가 없어야 한다는 것을 나타낸다. 이 금지는 유일하고 참되신 하나님의 형상뿐만 아니라 다른 신들의 형상에까지 명백하게 확대된다.

신명기 4:15-18은 이렇게 말한다.

> 여호와께서 호렙산 불길 중에서 너희에게 말씀하시던 날에 너희가 어떤 형상도 보지 못하였은즉 너희는 깊이 삼가라 그리하여 스스로 부패하여 자기를 위해 어떤 형상대로든지 우상을 새겨 만들지 말라 남자의 형상이든지, 여자의 형상이든지, 땅 위에 있는 어떤 짐승의 형상이든지, 하늘을 나는 날개 가진 어떤 새의 형상이든지, 땅 위에 기는 어떤 곤충의 형상이든지, 땅 아래 물속에 있는 어떤 어족의 형상이든지 만들지 말라 (신 4:15-18).

이 도덕법은 우리가 하나님을 공적으로 예배하고 심지어 생각하는 방식에 있어서도 성경이 우리의 규칙이 되어야 한다고 분명하게 가르친다. 우리의 혁신, 상상, 경험, 의견, 묘사가 아니라, 성경(하나님의 자기를 나타내심과 자기 계시)이 하나님에 대한 우리의 생각의 원천이 되어야 한다. 이것이 바로 개신교 예배당이 역사적으로 단순하고, 명백한 종교적 상징주의가 전무하며, 신성의 묘사가 전혀 없는 이유다.

성경은 하나님에 대한 우리의 심상을 형성하고 우리가 그분을 예배하는 것을 알려 주는 데에 중심이 되어야 한다. 그리고 공적 예배의 방식이 하나님에 대한 우리 심상의 형성에 기여하기 때문에, 성경에 따라 예배하는 것이 더할 나위

없이 중요하다.

유대인 주석학자 나훔 사르나(Nahum Sarna)는 다음과 같이 이 두 번째 계명의 위력을 표현한다.

> 예배 형식은 이제 규정되어 있다. 혁신적인 이스라엘의 하나님 개념은 그분이 창조된 세계와 완전히 분리되어 있으며 인간의 마음이 상상할 수 있는 것이나 상상으로 묘사할 수 있는 것과는 완전히 다르다는 것을 의미한다. 따라서 신성의 어떠한 물질적 표현도 금지되며, 이는 신명기 4:12, 15-19에서 상세히 설명된 금지조항으로서, 시내산에서 "그 말소리만 듣고 형상은 보지 못하였느니라"라는 것이다.
>
> 이스라엘의 관점에서 어떤 [인간에게서 나온] 신의 상징적 표현도 반드시 부적절하고 왜곡될 수밖에 없는데, 이는 형상은 그것이 나타내는 것과 동일시되며 곧 신성의 장소와 존재로 여겨지기 때문이다. 결국, 그 형상 자체가 경외의 중심과 예배의 대상이 되며, 이는 이스라엘 유일신론의 독특한 본질을 완전히 무효화하게 된다.[8]

8　Nahum M. Sarna, *The JPS Torah Commentary: Exodus* (Philadelphia: Jewish Publication Society, 1991), 110. [ ] 괄호 내용은 필자의 첨가.

제1장. 하나님은 우리의 예배 방식에 관심을 가지시는가? 37

그러나 두 번째 계명의 근본적인 논리에 대해 더 언급돼야 할 것이 있다. 다시 묻는다면, 왜 이스라엘에서는 형상을 만드는 일이 없어야 하는가이다.

"매체는 메시지다"라는 마샬 맥루한(Marshall McLuhan)의 유명한 격언은 닐 포스트먼(Neil Postman)의 다음과 같은 흥미로운 관찰을 촉발시킨다.

> 문화를 명확하게 이해하기 위한 가장 좋은 방법은 그 문화의 대화 도구에 주목하는 것이다. 내가 이 관점에 관심을 가지게 된 것은 맥루한보다 훨씬 더 강력한 예언자, 플라톤보다 더 오래된 예언자에 의한 것이었음을 첨언하고 싶다.
> 젊은 시절 성경을 공부하면서 나는 매체의 형태가 특정한 내용의 종류를 선호하여 문화를 지배할 수 있다는 생각에 대한 암시를 발견했다. 나는 특히 십계명, 그중에서도 이스라엘 백성이 [하나님에 대한 묘사로서] 어떤 형상도 만들지 못하게 하는 두 번째 계명을 언급하고자 한다.
> "너를 위하여 새긴 우상을 만들지 말고, 위로 하늘에 있는 것이나 아래로 땅에 있는 것이나 땅 아래 물속에 있는 어떤 형상도 만들지 말며."
> 다른 많은 이와 마찬가지로 나는 왜 이 백성의 하나님이 그들이 [하나님을] 경험한 것을 상징화하거나 상징화하지

않거나 할지에 대한 지침을 포함시켰는지 궁금했다.

만약 그 저자가 인간의 의사소통 형태와 문화의 특질 사이의 연관성을 가정하지 않았다면, 이는 윤리 체계의 일부로 포함시키기에는 이상한 명령이다.

우리는 추상적이고 우주적인 신을 받아들이라는 요청을 받는 사람들이 그림을 그리거나 조각상을 만들거나 [그 신에 대한] 그들의 생각을 구체적이고 성상과 같은 형태로 묘사하는 습관을 가지게 되면 그러한 신을 받아들이기에 부적합하게 될 것이라고 과감히 추측해 볼 수 있다.

유대인의 하나님은 말씀 안에서 그리고 말씀을 통해 존재해야 했는데, 이는 최고 단계의 추상적 사고를 요구하는 전례 없는 개념이었다. 따라서 성상 연구(Iconography)는 신성모독이 되어 새로운 형태의 하나님이 문화 속에 들어올 수 있었다.

말 중심(word-centered)에서 이미지 중심(image-centered)으로 문화를 전환하는 과정에 있는 우리 같은 사람들은 이 모세의 명령에 대해 숙고함으로써 유익을 얻을 수 있을 것이다.[9]

9　Neil Postman, *Amusing Ourselves to Death* (New York: Penguin, 1985), 8-9. [ ] 괄호 내용은 필자의 첨가.

그러므로 하나님에 대한 이스라엘의 관점과 이해는 인간의 상상이나 표현이 아니라 그분의 자기 계시에 의해 통제되어야 하며, 따라서 이스라엘의 예배는 신성에 대한 형상이나 가시적 묘사 없이, 곧 우상 없이 이루어져야 했다.

왜냐하면, 예배 방식이 하나님에 대한 우리의 개념을 형성하는 중요한 요소이기 때문이다. 이는 물론 기독교 예배도 마찬가지로 우상이 없는 예배여야 함을 의미한다. 우리는 이 생각을 두 번째 고려 사항에서 확장한다.

(2) 하나님 자신의 성품과 말씀이 반드시 하나님에 대한 우리의 예배를 다스려야 한다

하나님의 본성과 계시는 우리의 예배를 통치해야 하며, 따라서 하나님의 백성은 다른 신들의 형상을 통해서나 참하나님을 형상들을 통해 예배해서는 안 된다.

> 너는 그것들에게 절하지 말며 그것들을 섬기지 말라(출 20:5a).

이 구절은 새긴 우상을 예배하거나 섬기지 말아야 한다는 것을 더 구체적으로 말한다. 물론, 거짓 신들을 예배하거나 섬겨서는 안 된다(이는 첫 번째 계명에서 이미 명시되어 있다). 그러나 더 중요한 점은 참되신 한 분 하나님을 형상을 사용해 예배하거나 섬겨서는 안 된다는 것이다. 이 중요한 요지는 금송아지 사건(출 32:1-5)과 여로보암의 우상 숭배(왕상 12:28) 일화에서 충분히 이해된다.

이 명령은 로마가톨릭과 동방정교회, 심지어 개신교의 일부 분파에서(이제 우리는 유감스럽게 말해야 한다) 예배와 기도 가운데 형상을 사용하는 것과 분명하게 직접 관련된다.

그러나 우리가 말할 수 있는 것은 오늘날 이 계명의 가장 큰 위반은 시각적이지 않고 오히려 정신적이고 의지적이라는 것이다. 사람들이 "글쎄, 나는 성경이 그렇게 말하는 것을 알지만, 나는 하나님을 이렇게 생각하고 싶다"라고 말할 때, 그들은 시내산 자락에서 송아지와 영적 음행을 저질렀던 그 치명적인 날의 이스라엘 못지않게 그들의 생각에서 우상 숭배를 하고 그렇게 예배하고 있는 것이다.

모든 인간적 창의성과 주도성이 아니라, 성경이 우리가 하나님을 예배하는 방식의 규칙이 되어야 한다. 왜냐하면, 성경은 우리가 하나님에 대해 어떻게 생각해야 하는지에 대한 규칙이기 때문이다. 그리고 우리가 어떻게 예배하는지는 하나님에 대한 우리의 개념에 영향을 끼치기 때문이다.

달리 표현해 보자.

우리가 예배하는 방식은 우리가 예배하는 대상을 결정한다. 이것이 매체와 메시지, 수단과 대상 모두가 참된 예배에서 주목받아야 하는 이유이다. 따라서 우리의 혁신, 상상, 경험, 견해, 그리고 묘사가 아니라 성경(하나님 스스로에 대한 그리고 하나님 예배에 관한 하나님의 계시)이 하나님을 어떻게 예배할지를 결정해야 한다.

이것은 우상 숭배를 저지르는 두 가지 길이 있음을 상기시킨다. 참된 하나님이 아닌 다른 무언가를 예배하거나, 참된 하나님을 잘못된 방식으로 예배하는 것이다. 그리고 도덕법의 두 번째 계명은 이 둘 모두에 대해 말하고 있다.

사실 두 번째 계명은 세 가지를 금지한다. 거짓 신들이나 참하나님의 형상을 만드는 것, 예배에서 인간적으로 시작된 (보증되지 않은) 형상을 사용하는 것, 그리고 넓게는 하나님이 예배를 위해 지정하지 않은 수단이나 매체를 사용하는 것이다.

우리의 청교도 조상들은 이러한 공적 예배의 혁신들을 "자의적 예배"라고 불렀다. 그렇다면 두 번째 계명이 종교개혁가들이 규정적 원리라고 부른 것에 대한 성경 자료들 중 하나라는 것은 놀랄 일이 아니다.

테리 존슨(Terry Johnson)은 이를 다음과 같이 설명한다.

> 형상을 통한 예배를 금지함으로써, 하나님께서는 오직 하나님만이 당신이 어떻게 예배되셔야 하는지를 결정한다고 선언하신다. 비록 그 사용이 (예배를 돕는 것으로서) 아무리 진실하고 합리적이라 하더라도 형상은 그분을 기쁘게 하지 않으며, 암시적으로는, **그분이 허락하지 않으신 다른 어**

떤 것도 마찬가지다.[10]

(3) 예배에 대한 하나님의 진지하심은 그분의 말씀에서 벗어나는 것에 대한 그분의 위협들 속에 나타난다

예배의 태도와 순결함의 중요성은 두 번째 계명에서 표현된 하나님의 성품, 경고, 그리고 약속에서 드러나므로, 하나님의 백성은 하나님이 누구신가, 그리고 하나님께서 경고하고 약속하신 것이 무엇인가를 알고 이것을 삼가야 한다.

출애굽기 20:5b-6은 다음과 같이 말한다.

> 나 네 하나님 여호와는 질투하는 하나님인즉 나를 미워하는 자의 죄를 갚되 아버지로부터 아들에게로 삼사 대까지 이르게 하거니와 나를 사랑하고 내 계명을 지키는 자에게는 천 대까지 은혜를 베푸느니라(출 20:5-6).

여기서 하나님의 성품은 우리의 관용에 젖은 문화에 충격적 방식으로 제시된다. 하나님은 질투하신다. 그분은 자신의 영광이나 예배를 다른 어떤 것이나 그 누구와도 나누기를 거부하신다.

---

10 Terry Johnson, *Reformed Worship: Worship That Is according to Scripture* (Greenville, SC: Reformed Academic Press, 2000), 24 (강조는 원문의 것).

이 표현 자체는 (인간의 감정적 특성을 하나님께 부여하는) 신인동감론(anthropopathism)의 표현이지만, 언어적으로나 어문학적으로는 신인동형론(anthropomorphism, 인간의 신체적 특성을 하나님께 부여하는 것)이다.

"질투하는"이나 "열정적인"이라는 단어 뒤에 있는 더 오래된 의미는 하나님이 "붉어지신다"는 것이다.[11]

앨런 콜(Alan Cole)은 우리가 하나님의 성품을 이해하는 데 이런 관용어가 갖는 힘을 우리가 이해하도록 돕는다.

> 구약에서 '사랑'과 '미움'처럼, '질투'는 감정보다는 활동을 의미하는데, 이 경우에는 결혼 관계와 같은 독점적 관계의 인격적 단절에서 솟아나는 폭력적이고 격렬한 활동을 의미한다.
>
> 이는 불관용이 아니라 독점성으로 봐야 하며, 이는 하나님의 특별하심(많은 것 중에 하나가 아니신 분)과 이스라엘과의 특별한 관계에서 비롯된다. 진정으로 아내를 사랑하는 남편이라면 그녀를 다른 남자와 공유할 수 없듯이, 하나님께서도 이스라엘을 경쟁자와 결코 공유하지 않으실 것이다.[12]

11　Sarna, *Exodus*, 110을 보라.
12　R. Alan Cole, *Exodus: An Introduction and Commentary* (Leicester, UK: IVP, 1973), 156.

이 관용어구, 이 표현은 명확하다. 하나님은 부당한 대우를 받은 남편의 의로운 질투를 우리로 하여금 생각하도록 부르신다. 사르나는 이를 적절하게 표현한다.

> "질투하는 하나님"이라는 표현은 결혼으로 맺어진 결합을 하나님과 그분의 백성 간 언약을 암시하는 은유로 이해하는 표현이다. … 이 은유는 배교와 하나님께 받아들여질 수 없는 예배 방식에 대한 강력하고 집중적이며 징벌적인 신적 반응을 강조한다.[13]

다시 말해, 하나님은 이 경고에서 이렇게 말씀하신다.

> 나의 백성들아, 너희가 예배에서 영적 간음을 저지르면, 나는 너희가 아는 한 가장 두려운 배반당한 남편처럼 너희를 의롭게 대할 것이다.

신적 행동과 인간 행동 간의 불연속성은 이 관용어구 가운데 가정되고 암묵적이지만, 요점은 매우 분명하다. 우상 숭배, 즉 영적 간음으로 하나님을 배반하면, 하나님께서는 버림받은 배우자의 핏발 선 눈으로 우리를 다루실 것이다.

---

13 Sarna, *Exodus*, 110.

여기서 우리는 다시 예배에서의 신중함을 위한 개혁주의 교리의 더 많은 근거를 본다. 여기서 언급된 하나님의 공의의 엄격함은 죄를 철저하게 끝까지 징벌하신다는 점에서 신중함에 대한 관심에 더할 뿐이다.

이 표현에 주목하면 흥미롭다.

우상 숭배적인 사람은 하나님을 미워하며, 하나님의 계명에 따라 예배하는 자는 그분을 사랑한다. 여기서 '미움'(불순종하기)과 '사랑'(순종하기) 각각의 의미를 이해할 필요가 있다. 이는 우리가 예배하는 방식, 더 구체적으로는 우리가 예배에 있어 그분의 계명을 따르는 방식이, 하나님에 대한 우리의 지식과 우리가 그분을 얼마나 진지하게 여기는지를 반영한다는 점을 강조한다.

내가 목양하는 회중의 예배 모토는 다음과 같다.

> 성경을 노래하라, 성경을 기도하라, 성경을 읽으라, 성경을 설교하라.

이 모토는 두 번째 계명을 존중함에서 나온 것이다. 우리는 우리가 노래하는 모든 것이 성경적이고, 우리의 기도가 성경으로 흠뻑 젖어 있으며, 각 공적 예배에서 하나님의 많은 말씀이 읽히고, 설교가 성경에 토대를 두게 하기 위해 애쓰며 노력한다. 이는 우리가 참되신 한 분 하나님께 영광을 돌리고 우리 자신이 발명한 어떤 우상에게 돌리지 않기 위해서다.

성경은 우리 예배에 본질과 방향을 제공하며, 이로써 하나님이 누구시고 그분이 어떤 분이시지 알 수 있는 가장 확실한 방법을 제공한다.

4) 금송아지 일화

예배 방식의 명백한 중요성을 말해 주는 또 하나의 증거는 금송아지 사건(출 32-34)의 충격적인 경험에 근거한다.

여기서 얻을 수 있는 교훈이 있다면, 그것은 우리가 하나님에 대한 예배를 우리 스스로 직접 정할 수 없다는 것인데, 이는 여기서 예배에 관련된 도덕법 명령에 대한 이스라엘의 반역이 언약의 파기와 하나님을 거부하는 것으로 설명되기 때문이다. 이는 의식법이나 성막 예배에서의 이탈이 아니라는 점을 기억하는 것이 중요한데, 그 이유는 그들이 아직 그것들을 받기 전이기 때문이다.

모세는 이스라엘의 행위를 도덕법에 대한 위반으로 설명한다. 따라서 이 일화는 특별한 영속적 중요성을 가진다. 우리는 출애굽기 32:1-6에서 그 이탈의 요약을 발견한다.

> 백성이 모세가 산에서 내려옴이 더딤을 보고 모여 아론에게 이르러 가로되 일어나라 우리를 인도할 신을 우리를 위하여 만들라 이 모세

> 곧 우리를 애굽 땅에서 인도하여 낸 사람은 어찌 되었는지 알지 못함이니라 아론이 그들에게 이르되 너희 아내와 자녀의 귀의 금고리를 빼어 내게 가져오라 모든 백성이 그 귀에서 금고리를 빼어 아론에게 가져오매 아론이 그들의 손에서 그 고리를 받아 부어서 각도로 새겨 송아지 형상을 만드니 그들이 말하되 이스라엘아 이는 너희를 애굽 땅에서 인도하여 낸 너희 신이로다 하는지라 아론이 보고 그 앞에 단을 쌓고 이에 공포하여 가로되 내일은 여호와의 절일이니라 하니 이튿날에 그들이 일찍이 일어나 번제를 드리며 화목제를 드리고 앉아서 먹고 마시며 일어나서 뛰놀더라(출 32:1 6).

모세가 오래 지체하는 것을 참지 못한 이스라엘은, 단지 신이나 신적 임재의 시각적 상징물이 아니라, 본질적으로 새로운 중보자를 찾기 위해 아론에게 왔다(금송아지와 아론은 모세를 대체하려는 시도로 보인다).

백성의 요구는 야웨(Yahweh, 여호와-역자 주) 이외의 다른 신을 요구한 것이 아니라, 야웨의(혹은 그 중보자의) 상징물을 요구하는 것 같다. 백성은 하나님이 손수 뽑으신 중보자 모세에 대해 경시하고 무례하게 말했다.

아이러니하게도 모세와 그의 중재가 없었다면 그들은 여기서 모두 멸망했을 것이다!

아론에게 우상을 만들라는 요구는 (첫 번째와 두 번째 계명의 위반에 대해 어떻게 해석하든 간에) 충격적이다. 아론은 그들의 요구들을 손쉽게 수용했다. 그가 왜 그렇게 했는지는 설명되지 않지만, 그는 이 내러티브에서 우호적으로 묘사되지 않는다.

애굽인에게서 난 전리품 중 일부를 사용하여 우상을 만들었고, 반역은 널리 퍼졌다("모든 백성"). 아론은 금송아지 혹은 소 우상을 만들고(그것은 아피스[Apis: 고대 이집트 신화에 나오는 황소-역자 주] 또는 가나안 신들[Canaanite deities]의 그림자인가, 아니면 여로보암의 우상 숭배를 미리 보여 주는 그림자인가?), 그것을 이집트에서 그들을 인도한 하나님으로 또는 그와 동일시했다.

일부 주석가는 이 송아지가 보이지 않는 이스라엘의 신이 서 있는 받침대라고 주장하며, 다른 이들은 신의 상징이라고 주장한다. 무엇이든 이는 둘째 계명의 위반이다. 어떤 면에서 보면, 우상이 중보자의 상징이었다는 주장은 이 본문과 둘째 계명에 대한 전통적 개혁주의 해석을 더욱 강화해 준다.

"나름대로 만든 신" 또는 그의 상징이거나 존재의 물질적 중재물이 만들어지자, 아론은 예배와 만남을 위한 나름대로의 제단/성소/장소를 만들기 시작한다. 그는 여전히 이것이 주님, 즉 참된 하나님에 대한 예배라고 주장하지만, 이는 이 일화에서 모세가 힘주어 강조한 두 번째 계명에서의 이탈이다.

축제일이 오고, 백성은 자기가 만든 신을 자기 방식대로 예배하며 심각한 부도덕이 발생한다. 우상 숭배는 부도덕으로 이어진다. 이것이 거짓된 예배의 연결고리다.

콜(Cole)은 이렇게 말한다.

> 이것은 우연한 사건이 아니다. 이는 조각상, 제단, 제사장과 축제가 포함된 조직화된 사이비 종교다.[14]

누군가는 이것이 애굽에서 머무는 내내 우상 숭배에 익숙해진 사람들이 취한, 십계명에서 선언된 비우상(aniconic) 예배에 대한 의도적 반응일 수 있지 않을까 생각하기도 한다.

혼합주의나 다원주의 혹은 그 모두가 이스라엘 진영에서 일어나고 있었던 일의 일부였다. 이것은 하나님의 명령은 이스라엘의 예배가 오직 비우상적으로 이뤄져야 한다는 것을 분명히 했음에도, 이스라엘의 일부가 이스라엘의 하나님을 이교도적 방식(이 경우 가시적 형상을 통해)으로 숭배하려 했기 때문에 일어난 혼합주의였다.

이 사건에 다원주의가 작용했다면, 그것은 야웨와 함께 또는 그에 더해서 다른 누군가나 무언가를 숭배하는 것을 포함했을 것이며, 이 역시 우상 숭배다.

---

14 Cole, *Exodus*, 215.

어떤 경우든지 전체 본문은 우리가 예배하는 방식이 하나님께 매우 중요하다는 것을 (다시) 강조한다. 이 원칙과 금송아지 사건에서의 위반으로부터 여러 가지 적용점이 도출된다.

- 하나님의 타이밍에 대한 조급함은 믿음의 적이다.
- 우리는 우리 자신의 중보자를 선택할 수 없다.
- 우리는 참하나님을 우리가 원하거나 뜻하는 대로 형상화할 수 없다.
- 우리는 참하나님과 다른 것을 함께 예배할 수 없다.
- 우리는 참하나님을 그분이 명하신 방식 이외의 어떤 방법으로도 예배할 수 없다.
- 거짓된 예배는 거짓된 삶과 부도덕으로 이어진다.

콜은 이렇게 통찰력 있게 말한다.

> 이스라엘이 모든 면에서 우리와 너무 닮아 있기 때문에 이스라엘의 일화들은 본보기로서 가치를 가진다(고전 10장).[15]

---

15 Cole, *Exodus*, 212.

테렌스 프레타임(Terence Fretheim)은 금송아지 사건 전체에 대해 놀라운 통찰을 제공한다.

> 모든 중요한 점에서 백성의 건축 프로젝트는 하나님께서 이제 막 선포하신 성막과 대조된다. 이것은 이 이야기에 아이러니를 더해 준다.
>
> - 백성은 하나님께서 이미 주신 것을 만들려고 한다.
> - 하나님이 아니라, 그들이 주도권을 잡는다.
> - 헌물을 자원해서 드리기보다 요구받고 있다.
> - 정성들인 준비가 전혀 없다.
> - 건축에 필요한 정성을 들이는 긴 시간이 하룻밤 급히 하는 일이 되었다.
> - 거룩하신 이의 임재를 지키기 위한 세심한 준비는 즉시 접근할 수 있는 공개된 물체로 변한다.
> - 보이지 않고 만질 수 없는 하나님은 보이고 만질 수 있는 이미지로 변한다.
> - 인격적이고 살아 계신 하나님은 볼 수도 말할 수도 움직일 수도 없는 비인격적 물체가 된다.
>
> 자신들과 더 가까이 묶어 두고자 했던 그 신적 임재를 백성이 박탈당하는 것은 아이러니한 결과다. 이 사건의 핵심

에서 가장 중요한 계명이 위반되었다.[16]

출애굽기 32:7-10에서 하나님의 판결은 이를 더욱 강화할 뿐이다.

> 여호와께서 모세에게 이르시되 너는 내려가라 네가 애굽 땅에서 인도하여 낸 네 백성이 부패하였도다 그들이 내가 그들에게 명령한 길을 속히 떠나 자기를 위하여 송아지를 부어 만들고 그것을 예배하며 그것에게 제물을 드리며 말하기를 이스라엘아 이는 너희를 애굽 땅에서 인도하여 낸 너희 신이라 하였도다 여호와께서 또 모세에게 이르시되 내가 이 백성을 보니 목이 뻣뻣한 백성이로다 그런즉 내가 하는 대로 두라 내가 그들에게 진노하여 그들을 진멸하고 너를 큰 나라가 되게 하리라(출 32:7-10).

비록 모세는 알지 못했지만 하나님은 무슨 일이 일어나고 있는지 알고 계셨기에, 모세에게 가서 직접 확인하라고 하신다. 하나님은 여기서 의절의 언어를 사용하신다. 곧 "**네가** 이 끌어 낸 네 백성." 이는 1절에서 백성이 모세에 대해 한 의절의 말에 비추어 보아도 아이러니하다.

하나님은 그들의 죄를 정확하고 구체적으로 지적하신다.

---

[16] Terence E. Fretheim, *Exodus, Interpretation* (Louisville: John Knox, 1991), 280-81.

- 속히(조급함으로)
- **길에서 떠나**(즉, 주님의 생명의 길로 살아가야 하는 언약의 의무를 저버림)
- **그가 그들에게 명령한 것을**(즉, 언약 지침을 어김)
- 더 구체적으로, 그들은 **우상을 만들고 숭배함으로써**(첫째와 둘째 계명을 위반하여)
- **그것을 이스라엘의 구원의 하나님이라고 주장함으로써** (참되고 유일하신 하나님을 폄하함).

하나님께서 그분의 고발적 언어("그들이 내가 그들에게 명령한 길을 속히 떠나")에서 이스라엘이 하나님을 떠난 것을 고발하시는 게 아니라, 그분의 길, 예배에 대한 그분의 명령에서 떠난 것(이는 결국 하나님 자신을 떠난 것과 같다)을 고발하신다는 점에 주목하는 것이 중요하다.

사르나는 다음과 같이 지적한다.

> 의미심장하게도 본문은 '나로부터'라고 말하지 않는다. 그들은 이스라엘의 하나님을 예배하는 것에 이교도적 예배 방식을 도입했다.[17]

---

17 Sarna, *Exodus*, 204.

이 고발 전체는 예배 방식의 중요성을 강조한다. 예배에 대한 하나님의 명령을 위반하는 것은 언약을 깨뜨리는 것으로 간주되며, 이는 대재앙적 결과를 초래한다. 이스라엘은 버림받고 끊어짐이 마땅했다. 이것이 "히브리인들이 성막을 세우고 그 안에서 예배드리도록 허락되기 전, 그들이 자신들의 죄를 회개하고 언약을 갱신해야 했던" 이유다.[18]

이제까지 우리는 공동예배의 방식에 대해 성경이 갖는 관심을 구약의 네 가지 사례를 통해 살펴보았다. 그중 무엇도 의식법이나 성막 예배와 관련된 것은 없다.

그러나 그리스도인들은 신약이 정말 이 관심에 대해 증거하는지 알고 싶어 할 것이므로, 우리는 서둘러 우리의 주장들을 확증하는 많은 구약 본문을 남겨두고 나아가는데, 그중에는 다음과 같은 것들이 있다.

- **나답과 아비후 일화**(레 10장): 그들은 "여호와께서 명령하시지 아니하신" 방식으로 "다른 불"을 드렸고(10:1), 하나님은 그들을 죽이셨다(10:2). 하나님의 판결에서 모세는 천둥 같은 원칙을 기록한다. "나는 나를 가까이하는 자 중에서 내 거룩함을 나타내겠고"(10:3).

---

[18] John Currid, *Exodus* (Darlington, UK: Evangelical Press, 2001), 2:268.

- **신명기의 경고들**(신 4:2; 12:32): 이 경고들은 무엇이든 하나님께서 명령하신 것, 특히 예배에 있어 "너희는 지켜 행하고 그것에 가감하지 말지니라"라는 하나님의 요구를 강조한다.
- **규정되지 않은 사울의 예배에 대한 하나님의 거절**(삼상 15:22): 사울이 하나님의 지침에 어긋나게 제사를 드렸을 때, 그는 "순종이 제사보다 낫다"는 책망을 받았다.
- **다윗과 웃사와 언약궤 일화**: 이는 다윗 자신이 예배의 규정적 원리를 위반했다는 사실을 일있음을 명시적으로 나타낸다(삼하 6장, 특히 3절과 13절).
- **예레미야 시대 이방 예배 의식에 대한 하나님의 거절**: "내가 명령한 것도 아니요 내 마음에 둔 것도 아니니라"(렘 19:5; 32:35).

5) 바리새적 예배에 대한 예수님의 거절

바리새적 예배에 대한 예수님의 거절에 근거해서(마 15:1-14), 우리는 우리들의 예배 방식의 중요성에 대한 주님의 새 언약적 재천명을 보게 된다.

예수님은 예배 방식에 신경 쓰신다. 이 본문은 쉽게 종종 오해되기도 하는데, 그것은 바로 우리가 ("새로운"이 "좋은"을 의미하는) 반(反)정통적 시대에 살고 있기 때문이다.

우리는 바리새인들이 하나님의 율법을 연구하고 적용하는 데 지나치게 꼼꼼하다고 생각하는 경향이 있다. 그러나 예수님은 그들을 그러한 이유로 정죄하지 않으신다. 그분의 비판은 항상 그 반대 방향이다. 도덕법의 원동력을 약화시키는 율법에 대한 그들의 부주의한 느슨함과 빈약한 궤변이 그분의 분노를 유발했다.

마태복음 본문은 바리새인 종교가 가진 인위적 종교 의식의 모습이다.

> 그때에 바리새인과 서기관들이 예루살렘으로부터 예수께 나아와 이르되 당신의 제자들이 어찌하여 장로들의 전통을 범하나이까 떡 먹을 때에 손을 씻지 아니하나이다 대답하여 이르시되 너희는 어찌하여 너희의 전통으로 하나님의 계명을 범하느냐 하나님이 이르셨으되 네 부모를 공경하라 하시고 또 아버지나 어머니를 비방하는 자는 반드시 죽임을 당하리라 하셨거늘 너희는 이르되 누구든지 아버지에게나 어머니에게 말하기를 내가 드려 유익하게 할 것이 하나님께 드림이 되었다고 하기만 하면 그 부모를 공경할 것이 없다 하여 너희의 전통으로 하나님의 말씀을 폐하는도다 외식하는 자들아 이사야가 너희에 관하여 잘 예언하였도다 일렀으되 이 백성이 입술로는 나를 공경하되 마음은 내게서 멀도다 사람의 계명으로 교훈을 삼아 가르치니 나를 헛되이 경배하는도다 하였느니라 무리를 불러 이르시되 듣고 깨달으라 입으로 들어가는 것이 사람을 더럽게 하는 것이 아니라 입에서 나오는 그것이 사람을 더럽게 하는 것이니라 이에 제

> 자들이 나아와 이르되 바리새인들이 이 말씀을 듣고 걸림이 된 줄 아시나 이까 예수께서 대답하여 이르시되 심은 것마다 내 하늘 아버지께서 심으시지 않은 것은 뽑힐 것이니 그냥 두라 그들은 맹인이 되어 맹인을 인도하는 자로다 만일 맹인이 맹인을 인도하면 둘이 다 구덩이에 빠지리라 하시니(마 15:1-14).

이 본문에서 바리새인들은 예수님께서 제자들로 하여금 손을 씻는 의식에 관한 "장로들의 전통"을 어기도록 용인했다고 고발한다. 이러한 손 씻기는 위생적인 것이 아니라 종교적인 것이었다. 이 사안을 특별히 예배 행위의 문제에 적용한 분이 바로 예수님이라는 점에 주목하라.

신약에서 전통은 문맥에 따라 긍정적일 수도 있고(살후 2:15; 3:6), 부정적일 수도 있다(막 7:3, 9, 13; 골 2:8; 벧전 1:18). 여기서는 장로들의 전통을 의미하며, 이는 다음과 같은 것들을 포함한다.

- 율법서(Torah)에 대한 장로들의 구체적 해석과 적용을 매우 높이 평가하며, 심지어 이 견해들과 추론들에 접근하는 것이 하나님의 율법 자체와 동등한 구속력이 있다고 여김
- 하나님의 율법 자체가 가르치는 것을 넘어서서 나아간 적용뿐만 아니라, 종종 잘못된 방향으로 나아간 적용

- 율법의 중심적인 도덕적 요구에 공정하지 못한 율법의 해석과 적용(의식적/의례적인 것에 도리어 집중함)

전통 문제에 대한 이 논쟁은 예수님께서 의식적인 오염과 도덕적인 오염 간의 중요한 문제를, 결국 예배에 관한 중요한 내용을 논의할 수 있는 기회를 제공한다.

예수님은 바리새인들의 고발과 매우 유사한 어구를 사용하시면서 그들이 하나님의 계명을 범한다고 고발하시는 반응을 보이신다. 그리고 하나님의 계명을 그들이 고안하고 승인한 관행, 즉 고르반(korban) 규칙과 나란히 놓으신다. 그들을 향한 예수님의 고발은 그들이 인간이 만든 규칙들을 위해서 하나님의 말씀의 권위를 약화시켜 왔다는 것이었다.

그들은 말씀에 더함으로써 말씀을 축소시켰다. 그들의 교훈은 "더함으로써 빼는 것"이다. 예수님은 바리새인들이 도덕법에 관련된 의식법을 근본적으로 오해하고 오용을 조장하고 있으며, 이 잘못된 사용은 위선적인 마음에서 비롯되었다고 판단하신다(마 15:7-9).

예수님은 바리새인들이 구식 관행에 너무 집착한다고, 율법서가 말하는 것에 너무 신경을 쓴다고, 하나님의 율법에 지나치게 꼼꼼하다고 비판하지 않으셨다는 점에 주목하는 것이 중요하다. 오히려 그들이 하나님의 율법을 무시하고 그것에 무언가를 더함으로써 하나님의 율법을 공격한다고 고발하셨다. 예수님은 이사야의 말씀이 바리새인들의 예배를 묘사하는 데 완벽하게 맞다고 말씀하신다.

- 하나님을 공경하기보다 **입에 발린 말**뿐이며, 그들의 마음은 하나님을 사랑하기보다 멀리 떨어져 있다.
- **헛된 예배**요, 단지 형식일 뿐이다.
- 말씀의 지침들에 근거하지 않은 **사람이 만든 예배**다.

예수님의 비판은 내적이며 외적이라는 점에 주목하라. 이는 하나님의 말씀에 대한 마음과 외적 순종 모두를 포괄한다. 이것은 '삶 전체의 예배'뿐 아니라 공동예배에도 분명히 적용된다.

마태복음에서 암시적인 것을 마가복음 7장의 병행본문은 명시적으로 나타낸다. 여기서 예수님의 가르침은 의식법과 관련하여 기독교 공동예배에 큰 의미를 가진다. 마가복음 7:19은 예수님의 말씀이 모든 새 언약의 신자에게 의식법의 음식 규정 폐지를 의미한다고 말한다.

히브리서는 음식법 폐지를 뒷받침하는 논리(의식법 제도의 전체를 주님의 성취하셨다는 것)를 바탕으로 이 동일한 원칙을 적용하여, 우리가 더 이상 구약의 공적 예배의 의식적/희생적 형태로 공동예배를 드리지 않는다는 것을 보여 준다.

다시 본론으로 돌아가서, 예수님은 삶 전체의 예배뿐만 아니라 우리가 드리는 공적 경배에서도 예배 방식에 대해, 즉 중심과 말씀에 대한 순종에 대해 관심 가지신다는 것을 분명히 하셨다.

6) 우물가의 여인에게 하신 예수님의 말씀

우리는 예수님께서 사마리아 여인에게 하신 말씀(요 4:20-26)에서 새 언약의 신자들에게 예배 방식의 중요성을 알려 주시는 표시를 발견한다.

예수님이 우물가의 여인과 마주하신 이 감동적인 일화에서, 그녀의 숨겨진 죄와 수치를 예수님이 드러내신 후, 그녀는 유대인과 사마리아인 모두에게 매우 중요한, 그들 간에 오랫동안 논쟁되어 온 예배 문제에 대해 묻는다.

> 우리 조상들은 이 산에서 예배하였는데 당신들의 말은 예배할 곳이 예루살렘에 있다 하더이다 예수께서 이르시되 여자여 내 말을 믿으라 이 산에서도 말고 예루살렘에서도 말고 너희가 아버지께 예배할 때가 이르리라 너희는 알지 못하는 것을 예배하고 우리는 아는 것을 예배하노니 이는 구원이 유대인에게서 남이라 아버지께 참되게 예배하는 자들은 영과 진리로 예배할 때가 오나니 곧 이때라 아버지께서는 자기에게 이렇게 예배하는 자들을 찾으시느니라 하나님은 영

이시니 예배하는 자가 영과 진리로 예배할지니라 여자가 이르되 메시야 곧 그리스도라 하는 이가 오실 줄을 내가 아노니 그가 오시면 모든 것을 우리에게 알려 주시리이다 예수께서 이르시되 네게 말하는 내가 그라 하시니라(요 4:20-26).

예수님의 대답에는 그분 스스로의 삶, 사역, 죽음, 부활을 통해 이루신 중대한 구속사적 전환에 대한 중요한 요점들이 강렬하게 울려 퍼진다. 그리고 오늘날 그리스도인들에게도 여전히 본질적인 공동예배의 수많은 원칙을 또한 구체적으로 제시한다. 우리는 그중에 세 가지만 짚어 보자.

(1) 예수님은 예배 장소에 대한 구속사적 전환을 언급하신다

수백 년 동안 희생 예배를 위한 장소로 거룩하게 지정된 곳은 예루살렘이었다. 그곳은 애초에 출애굽기의 성막 구조와 규례에 따라 공인된, 예배의 행위가 이루어지는 유일한 장소였다. 그곳은 이스라엘과 함께하시는 하나님 임재 현현의 중심점이었다.

그러나 이 산에서 혹은 예루살렘에서 예배드려야 하는지에 대한 여인의 질문에 대해 예수님은 다음과 같이 답하셨다.

> 이 산에서도 말고 예루살렘에서도 말고 너희가 아버지께 예배할 때가 이르리라(요 4:21).

다시 말해서, 예수님은 한 문장으로 머지않은 장래에 성막/성전/의식/희생 예배의 옛 언약의 장소는 참된 신자에게 더 이상 중요하지 않게 될 때가 오고 있음을 말씀하신다.

예수님의 부활, 승천, 성령의 부으심을 통해 도래한 그때에는 예배 장소가 지리적인 것이 아니라 교회적인 것이 된다. 신자들이 그분의 이름으로 모이는 곳은 어디든지 예배 장소가 될 것이다.

> 두세 사람이 내 이름으로 모인 곳에는 나도 그들 중에 있느니라(마 18:20).

그 어떤 물질적인 구조 안에 있든지 그분의 임재를 알게 되는 집은 곧 그분의 백성 집이다. 이것이 종교개혁자들이 (공동예배 시간 외에) 그들의 예배당 문을 닫고 잠근 하나의 이유다. 그것은 어떤 장소나 건물도 특별한 영적 중요성을 가지지 않는다는 것을 강조하기 위함이었다. 이것이 새 언약의 예배 원리다. 예배는 특정 장소에 매이지 않는다.

웨스트민스터 신앙고백서는 예수님의 이 가르침을 다음과 같이 표현한다.

지금 복음 시대에서, 기도나 기타 다른 종교적 예배 행위는 그것이 시행되는 장소가 고정되어 있는 것이 아니고, 어떤 장소를 향해 드릴 필요가 없으며, 그 장소 여하에 따라 기도나 예배 행위가 더 잘 열납되는 것도 아니다. 하나님께 어디에서나, 신령과 진리로 예배드려야 한다. 각 가정에서, 매일, 그리고 은밀한 중에 개별적으로 드릴 수도 있고, 더욱 엄숙하게 공적 모임에서 드릴 수도 있으나, 하나님께서 자기의 말씀이나 섭리로 기도나 예배를 드리도록 요구하신 때에, 경솔하게 행히기니 고의적으로 소홀히 하거나 저버려서는 안 된다(21.6).

(2) 예수님은 예배가 계시에 대한 반응이므로 반드시 계시에 따라야 함을 강조하신다

"이 산에서도 말고 예루살렘에서도 말고"라는 예수님의 대답은 사마리아 예배의 정당성에 관한 질문에 대해 예수님이 말씀하셔야 했던 전부는 아니었다.

그분은 계속해서 다음과 같이 말씀하셨다.

> 너희는 알지 못하는 것을 예배하고 우리는 아는 것을 예배하노니 이는 구원이 유대인에게서 남이라(요 4:22).

다시 말해서, 사마리아인들이 그들 스스로 선택한 장소에서 예배하는 것은 잘못이었다. 그들의 예배가 하나님의 계시와 일치하지 않았던 까닭에 그들은 누구를 예배하는지에 대해서도 혼란스러웠다.

예수님의 이 말씀은 이스라엘이 구약에서 가르치는 성막/성전 예배의 핵심적 중요성을 올바르게 이해했음을, 따라서 거기서 벗어나는 것은 (정확히 하나님의 계시의 명령에서의 이탈을 수반하기 때문에) 예배자들을 그들이 얼마나 진실한가에 상관없이 하나님에 관한 혼란으로 이끌 것임을 확인하는 것이다.

이스라엘은 계시에 따라 예배했기 때문에 그들의 하나님을 알았다. 그러나 사마리아인들은 계시에 따라 예배하지 않았기 때문에 그들의 하나님을 알지 못했다. 이는 "당신이 어떻게 예배하느냐가 당신이 무엇이 되는지를 결정한다"는 격언의 새 언약적 예시다. 이것이 예수님께서 나중에 예배가 "진리로" 드려져야만 된다고 말씀하신 이유다.

사마리아인들(그리고 우리)이 자신들 스스로의 예배를 고안해 내는 한 참된 예배는 불가능하다.

(3) 예수님은 새 언약 시대에서의 예배의 중요성을 다시 강조하신다

예수님은 이렇게 말씀하신다.

> 아버지께 참되게 예배하는 자들은 영과 진리로 예배할 때가 오나니 곧 이때라 아버지께서는 자기에게 이렇게 예배하는 자들을 찾으시느니라(요 4:23).

하나님을 영화롭게 하고 즐거워하며, 하나님과 만나고 교제하는 것이 그분께 얼마나 중요한지 하나님은 친히 우리가 그분의 예배자가 되기를 **찾으신다**.

새 언약 신자들에게 예배 활동의 엄청난 중요성보다 더 높은 위임은 상상할 수 없다. 복수형인 "예배하는 자들"은 단지 장래 왕국의 범위뿐만 아니라 하나님이 찾으시는 예배의 공동적, 회중적 본질을 나타낸다.

더욱더 많은 것이 언급될 수 있지만, 새 언약에서의 예배 방식에 결코 무관심하지 않으시고, 우리가 하나님을 예배하는 방식의 극도의 중요성을 강조하려 애쓰시는 예수님을 보여 주기에 이로써 충분하다.

7) 골로새 이단에 대한 바울의 거부

바울이 골로새 이단을 거부한 것은(골 2:16-19) 새 언약 시대에 예배의 방식이 여전히 중요하다는 또 하나의 신호다. 이단자들의 윤리 교훈에 대한 그의 강력한 거부를 고려하는 것 외에도, 골로새에 있는 예배에 관한 잘못된 가르침에 바울이 대응하고 있었음이 분명하다.

> 그러므로 먹고 마시는 것과 절기나 초하루나 안식일을 이유로 누구든지 너희를 비판하지 못하게 하라 이것들은 장래 일의 그림자이나 몸은 그리스도의 것이니라(골 2:16-17).

여기서 바울은 그리스도인들에게 인간이 만든 규칙이나 폐기된 옛 언약의 의식들, 심지어 구약의 제칠일 안식일에 따라서도 사람들이 그들을 판단하거나 영향 끼치게끔 허락하지 말 것을 강력히 요구한다. 여기서 그가 말하는 그 무엇도 새 언약의 주일을 폄하하는 것이 아니다.

그가 2:16에서 언급한 종교적 활동들은 모두 옛 언약의 예배의 일부로, 새 언약의 신자들에게는 더 이상 구속력이 없다. 바울은 단지 그리스도인들에게 의식법 아래 있지 않음을 상기시키고 있다.

그리고 바울은 그것이 새 언약의 그리스도인들 가운데 올바른 공동예배를 위해 필수적이라고 본다. 그의 말은 오늘날에도 옛 언약의 화려한 예전적이고 상징적인 예배를 갈망하는 이들에게 여전히 말하고 있다. 본질을 지나쳐 그림자로 되돌아가지 말라고 그는 말한다. 이러한 바울의 대응은 구속사의 불연속성을 이해하는 것과 관련이 있다.

그리고 바울은 천사 숭배와 그것에 동반되는 거짓 겸손을 다룬다.

> 아무도 꾸며 낸 겸손과 천사 숭배를 이유로 너희를 정죄하지 못하게 하라 그가 그 본 것에 의지하여 그 육신의 생각을 따라 헛되이 과장하고 머리를 붙들지 아니하는지라 온몸이 머리로 말미암아 마디와 힘줄로 공급함을 받고 연합하여 하나님이 자라게 하시므로 자라느니라(골 2:18-19).

그의 비판은 환상들에 기반한 예배를 거부하고, 그러한 활동에 내재된 그리스도에 대한 불충분한 관점을 정죄하는 것이다.

이 비판은 또한 최소한 부분적으로 공동예배와 분명히 관련된다. 악명 높게 어려운 구절, "천사 숭배"[19]는 어떻게 보

---

19 R. P. Martin은 "어떤 방식으로든 이 종교의 광신적 체계의 일부로서 천사들에게 경배가 이루어졌음에 틀림없다"고 말한다. *Colossians and Philemon*, New Century Bible Commentary (Grand Rapids: Eerdmans,

든지 간에 '삶 전체에서의 천사 숭배'와 같은 것으로 상상하기 어렵다. 더욱이 이 예배의 삐뚤어진 점은 내부적이고 주관적인 것뿐만 아니라 외부적이고 객관적인 것과 관련이 있다.

물론, 바울은 자기 비하와 자기 과장을 병렬하면서 마음의 불신실함을 암시하지만, 다음은 그의 주된 요점이다.

- 천사 숭배는 하나님이 명하신 것이 아니라 인간에게서 유래한 것이다.
- 천사 숭배는 그리스도의 인격과 높임 또는 그분과 우리의 연합을 공평히 대하지 않았다.

이 구절에서 지혜로운 옛 청교도들은 "자의적 예배"라는 용어를 얻었다. 우리의 생각에 따라 예배하는 것은, 아무리 진지하더라도 자기 숭배의 행위이며, 구체적으로 우리의 의지와 욕구를 숭배하는 것이다.

1973), 94. 나는 규정적 원리에 대한 현대 개혁주의 비평가들이 이 구절이 공동예배에 적용되지 않도록 만들기 위해 기울이는 엄청난 노력을 잘 알고 있다. 그러나 바울의 문맥적 논의는 그들의 의도를 철저히 무너뜨린다. 바울이 방금 무엇에 대해 이야기했는가? 세례다! 이 전체 섹션은 공적 예배의 실천에 대한 암시를 포함하고 있다.

여기서 다시 한번 우리는 신약이 예배 방식에 대해 무관심하지 않음을 볼 수 있다. 바울에게 이것은 매우 중요한 문제였고, (만일 그것이 가능하다면) 다음 단락에서 어떤 사실은 더욱 자명하다.

8) 고린도를 위한 바울의 지침

고린도에서의 참된 은사 예배에 대한 바울의 놀라운 지침(고전 14장)은 우리가 드리는 예배 방식의 새 언약적 중요성에 대한 전례 없는 표현이다. 바울은 삼위일체의 제3위격인 성령의 실제적이고 강력한 활동에 근거한 은사 예배의 형식과 내용을 전적으로 기꺼이 규제하려 한다.

계시, 방언, 예언, 그와 같은 것들의 연속성에 대해 우리가 무엇을 믿든지 간에, 이 본문은 (극도의 해석적 어려움에도 불구하고) 모든 시대의 모든 그리스도인에게 적용될 수 있는 공동예배와 관련된 수많은 명확한 가르침을 제공한다.

(1) 바울은 이해할 수 있고 상호간에 덕을 세우는 공동예배에 중점을 둔다

바울은 통역하지 않은 방언보다 예언을 더 중히 여기는데, 예언은 교회에 덕을 세우기 때문이다.

> 방언을 말하는 자는 사람에게 하지 아니하고 하나님께 하나니 이는 알아듣는 자가 없고 영으로 비밀을 말함이라 그러나 예언하는 자는 사람에게 말하여 덕을 세우며 권면하며 위로하는 것이요 방언을 말하는 자는 자기의 덕을 세우고 예언하는 자는 교회의 덕을 세우나니 나는 너희가 다 방언 말하기를 원하나 특별히 예언하기를 원하노라 만일 방언을 말하는 자가 통역하여 교회의 덕을 세우지 아니하면 예언하는 자만 못하니라 (고전 14:2-5).

바울이 고려하는 건덕은 지성, 이해, 성숙한 생각에 뿌리를 두고 있다. 이에 대한 어휘는 전체에 걸쳐 나타난다. 따라서 건덕, 이해 가능성, 설교의 중심성, 그리고 이해와 양심을 다루는 설교의 목적은 후기 르네상스, 북유럽 합리주의에서 유래한 문화적 선호가 아니라, 성령 하나님에 의해 가능한 기이한 활동들마저 능가하는 새 언약 예배의 사도적 원리들 또는 특징들이다.

(2) 바울은 사도 시대의 공동예배를 묘사한다

간단히 바울의 어휘와 구절들을 사용함으로써, 우리는 은사적인, 사도 시대의 공동예배의 구성 요소와 특징을 설명할 수 있다.

제1장. 하나님은 우리의 예배 방식에 관심을 가지시는가? 71

- 신령한 것들(1절)
- 예언(6절)
- 방언(5절 그리고 다른 곳)
- 건덕, 권면, 위로(3절)
- 통역(26절)
- 계시, 지식, 가르침(6절)
- 뜻(10절)
- 마음으로 기도하고 찬송하기(15절)
- 말하는 것을 이해하기(16절)
- 가르침(19절)
- 장성한 생각(20절)
- 확신(24절)
- 판단받기(24절)
- 마음의 숨은 일들이 드러남(25절)
- 얼굴을 땅에 대고 엎드려 하나님께 경배함(25절)
- 너희 가운데 계신 하나님(25절)
- 시편(26절)
- 잠잠함(28절)
- 배우기(31절)
- 무질서의 하나님이 아닌 화평의 하나님(33절)
- 모든 교회에서 함과 같이(33절)
- 주의 명령(37절)

• 모든 것을 품위 있고 질서 있게 행함(40절)

이 단어들과 구절들은 모든 시대 하나님의 백성들에게 일반적인 공동예배의 중심적 요소들(설교, 찬양, 기도)을 나타내며, 공동예배의 주요 동기와 목적(회중의 건덕, 하나님과의 교제, 불신자에 대한 증거의 부산물), 참된 예배의 마음의 측면(위로, 확신, 드러남, 복종) 및 형식과 질서에 대한 관심(침묵, 복종, 단정함)을 설명한다.

그러나 이 예배 후기의 압도적인 인상은 바울의 인지적(cognitive) 강조에 있다. 그는 사람들이 찬양하고 기도하며, 다른 이들이 말하고 설교하는 바를 이해하기 원한다. 그는 지도, 교훈, 학습, 지식, 장성한 생각을 원한다.

개혁주의 전통의 공동예배를 과도하게 이지적이라고 풍자하는 이들은 고린도전서 14장의 은사 예배에 대한 묘사 가운데서 정말이지 어떤 위안도 찾을 수 없을 것이다.[20]

20　예를 들어, 로버트 웨버(Robert Webber)는 이 비판을 자주 한다. 이것은 흔한 주장이다. "수 세기 동안 예배에 대한 개신교의 생각은 예배를 지적 행위로 여기는 데 초점을 맞추었다." Robert Webber, "Reaffirming the Arts," *Worship Leader* 8, no. 6 (Nov./Dec. 1999): 10.

(3) 바울은 공동예배 가운데 성령이 부여하신 기이한 은사들을 행사할 수 있는 사람들의 숫자와 순서를 규제한다

'삶 전체로서 예배'에 대해 이러한 제한은 상상할 수 없다. 그의 규칙은 다음과 같다.

> 만일 누가 방언으로 말하거든 두 사람이나 많아야 세 사람이 차례를 따라 하고 한 사람이 통역할 것이요 만일 통역하는 자가 없으면 교회에서는 잠잠하고 자기와 하나님께 말할 것이요(고전 14:27-28).

> 예언하는 자는 둘이나 셋이나 말하고 다른 이들은 분별할 것이요 만일 곁에 앉아 있는 다른 이에게 계시가 있으면 먼저 하던 자는 잠잠할지니라 너희는 다 모든 사람으로 배우게 하고 모든 사람으로 권면을 받게 하기 위하여 하나씩 하나씩 예언할 수 있느니라 예언하는 자들의 영은 예언하는 자들에게 제재를 받나니(고전 14:29-32).

이해했는가?

그는 한 예배에서 방언이나 예언을 하는 사람이 세 사람을 넘지 않아야 된다고 했고, 설령 하나님께서 어떤 이에게 예언적 계시를 주셨더라도 한 번에 한 사람만 하도록 했다.

성경 전체를 통틀어 이 본문에서 우리가 발견하는 것만큼 교회의 사도들에게 주님의 전권을 부여한 놀라운 예는 없다.

대화를 경건하게 상상해 보자.

"그러나 바울, 나는 방금 하나님의 예언적 계시를 받았고 그것을 공개해야만 합니다."

바울이 말한다.

"한 번에 한 사람씩."

"그러나 바울, 성령님께서 이 말씀을 내게 주셨습니다."

바울이 답한다.

"이해하네. 다시 말하지만, 한 번에 한 사람씩이고, 이미 세 사람이 말했다면, 침묵하시게."

"바울, 어떻게 그럴 수 있나요?

나는 주님의 선지자입니다."

바울이 말한다.

"왜냐하면, 나의 형제여, 내가 말하는 것은 모든 교회를 위한 주님의 명령이기 때문이네."

여기서 우리는 공동예배에 대한 계시적 규제가 삼위일체의 제3위격에 의해 생성되고 가능하게 된 활동에까지 확장된다는 것을 볼 수 있다. 질서나 질서에 대한 관심이 성령의 활동과 우리의 응답에 적대적이라는 생각은 이 새 언약의 본문에 의해 큰 바위에 부딪힌다.

성경의 규칙과 질서를 적용하는 것이 공동예배에서 성령을 억누를 것이라는 제안은 이 본문에 비추어 보면 우스꽝스럽게 보인다. 주의 명령을 기록하신 성령 하나님은 참된 예배를 가능하게 하시는 동일한 성령이시기 때문에, 형식과 자유, 성경의 규칙과 진심 어린 찬양, 예배의 율례와 자유로운 하나님과의 교제 사이에는 궁극적 갈등이 있을 수 없다.

(4) 바울은 교회의 공동예배에서 말씀을 전할 수 있는 사람들에 제한을 둔다

> 여자는 교회에서 잠잠하라 그들에게는 말하는 것을 허락함이 없나니 율법에 이른 것 같이 오직 복종할 것이요 만일 무엇을 배우려거든 집에서 자기 남편에게 물을지니 여자가 교회에서 말하는 것은 부끄러운 것이라(고전 14:34-35).

바울은 이 명령을 고린도의 일시적인 문화적 문제가 아니라 기록된 하나님의 말씀("율법에도 이른 것같이")에 근거한다.

복음주의 계열을 표방하는 곳에서조차 여성 설교자의 수가 계속해서 늘어나는 것(아무리 진지하고, 헌신적이며, 재능 있고, 또는 정통적이라 할지라도)보다 예배에서의 성경의 권위에 대한 널리 퍼진 거부를 가장 쉽게 관찰할 수 있는 사례는 없다.

그러나 바울의 지시는 오해의 여지가 없다. 오직 하나님의 말씀만이 공적 예배에서 누가 설교할 수 있는지 또는 없는지를 결정한다.

(5) 바울은 그의 명령들을 단지 고린도뿐만 아니라 모든 교회의 공동예배에 필수적인 것으로 본다

> 만일 누구든지 자기를 선지자나 혹은 신령한 자로 생각하거든 내가 너희에게 편지하는 이 글이 주의 명령인 줄 알라 만일 누구든지 알지 못하면 그는 알지 못한 자니라(고전 14:37-38).

이 말씀은 바울이 방언, 통역, 예언, 설교, 찬양의 순서를 선언하고, 여자의 가르침을 금지한 후에 나온다.
왜 이렇게 되어야 하는가?
바울은 이전에 다음과 같이 말했다.

> 하나님은 무질서의 하나님이 아니시요 오직 화평의 하나님이시니라 모든 성도가 교회에서 함과 같이(고전 14:33).

하나님은 난장판의 하나님이 아니시며, 동일하신 하나님이 모든 교회의 하나님이시기 때문에 교회는 동일한 규범을 가진다.

> 모든 것을 품위 있게 하고 질서 있게 하라(고전 14:40).

다시 한번 우리는 이 본문 전체의 주된 주제가 하나님께서 우리의 예배 방식에 매우 신경 쓰신다는 것임을 본다. 그분은 우리의 태도와 동기뿐만 아니라 우리의 행동과 질서에도 신경 쓰신다. 새 언약 시대에도 하나님께서 우리의 예배 방식에 관심을 가지신다는 것은 논쟁의 여지가 없다. 구약 의식 체계의 구체적 예배 방식은 변화할지라도 말이다.

예배에 관한 신약 교훈의 이러한 요약을 통해서도 (고전 11장과 같은 핵심 본문을 탐구하는 유익 외에도) 신약이 공동예배의 독특한 범주를 가지고 있으며, 고유하고 구별되는 공동예배에 특별한 관심을 가지고 있음이 분명하다.

이를 언급하는 것이 중요한데, 왜냐하면, 예배 논쟁에 있어 위험한 목소리들은 새 언약 시대에 과연 공동예배의 독특한 범주가 있는가 하는 여부를 의문시하기 때문이다. 일부는 애초에 교회가 모이는 이유를 다시 생각해야 한다고 주장한다.

예배를 위해서인가?

그들은 이렇게 주장한다. 아니, 그것은 신약의 대답이 아니다. 신약은 구약의 공동예배 언어와 용어를 지역교회의 모임 활동에 적용하지 않고, 오히려 삶 전체에 적용한다.

따라서 우리가 함께 모이는 주된 이유는 교제, 성경 공부, 설교 듣기, 함께 기도하기 등이지 하나님을 예배하기 위함이 아니라는 것, 즉 우리가 가정, 지역사회, 직장에서 하는 일을 위함이라는 것이다.[21] 따라서 이 관점에서는 구약 공동예배의 신약에서의 성취를 삶 전체의 예배로 본다.

부드럽게 말하면, 이 접근법은 창의적이고, 신약이 삶 전체의 예배에 중점을 두고 있다는 점을 올바르게 강조하며 (물론 구약의 경우가 없는 것은 아니다), 예배에 대한 모든 종류의 규범적인 고교회의 제의적 접근들에 치명적 결과를 안겨다 주는 충분한 강해적 근거와 신학적 비평을 제공한다.

그러나 그것의 단어 연구 방법은 구약과 신약의 회집 예배의 요소들(성경 읽기, 성경 강해, 찬양, 기도, 성례들) 간의 명백한 연속성을 제대로 반영하지 못한다.

신약에서 하나님의 백성이 모여 말씀을 읽고, 기도하고, 설교하고, 찬양하는 보편적 활동에 부여되는 의미론적 명칭이 무엇이든 간에, 이것이 공동예배를 구성한다는 것이 분명하다. 또한, 그러한 것이 정말로 존재하며, 특히 새 언약에서도 존재한다는 것은 분명하다. 단지 우리들의 현대적 개인주의 경향과 구별에 대한 망설임만이 이러한 사실을 못 보게 한다.

---

21   예를 들면, Phillip Jensen and Tony Payne, "Church/Campus Connections," in *Telling the Truth: Evangelizing Postmoderns*, ed. D. A. Carson (Grand Rapids: Eerdmans, 2000), 202–3.

성경은 공동예배가 존재한다는 것 이상으로 하나님이 어떻게 그 공동예배가 이뤄지는지 신경 쓰신다는 것을 보여 준다. 성경은 신구약 모두 하나님과 그분의 영속적인 도덕적 규범에 대한 가르침들, 명령과 규례를 통해 공동예배가 신적 계시에 대한 신중한 반응으로 이루어져야 함을 증거한다.

따라서 우리는 성경 자체가 개혁주의 전통에서 때때로 예배의 규정적 원리라고 부르는 것을 제공한다고 말할 수 있다. 우리가 이미 배운 많은 것이 이 주장을 입증하지만, 의심의 그림자를 넘어 이러한 요점을 확립하기 위해서 우리는 다음 장에서 단순히 개별 본문뿐만 아니라, 공동예배의 형식과 내용에 대한 독특한 접근을 제공하는 몇 가지 광범위한 신학적 주제들을 고려할 것이다.

제2장

성경적으로 지시된 예배의 기초

성경은 우리에게 기독교 예배의 형식과 내용을 위한 하나님의 지침을 제공한다.

웨스트민스터 신앙고백서는 다음과 같이 말한다.

> 참되신 하나님을 예배하는 합당한 방법은 그 자신이 친히 정해 주셨으므로 그 자신의 계시된 뜻 안에서 한정되어 있다. 그러므로 사람들의 상상이나 고안, 또는 사탄의 지시에 따라 어떤 가견적(可見的)인 구상(具象)을 사용하거나, 성경에 규정되어 있지 않는 다른 방법을 따라서는 하나님을 예배할 수가 없다(21.1).

우리는 그 주장을 여러 가지 방법으로 뒷받침한다. 우리의 확언은 특정 본문들(출 20:4-6; 신 4:15-19; 12:32; 마 4:9-10; 15:9; 행 17:24-25; 고전 11:23-30; 14:1-40; 골 2:16-23)의 강해에만, 하나님께서 인간이 고안한 예배를 원하지 않으신다는 초정경적

(trans-canonical) 반복에만 근거하지 않는다.

우리는 더 넓은 성경신학적 실재들에 기반하여 근거를 세운다. 즉, 신론, 창조주-피조물의 구별, 계시의 개념, 도덕법의 불변성, 믿음의 본질, 신중함의 교리, 교회 권위의 파생적 성격, 기독교적 자유의 교리, 성경적 경건의 참된 본질, 그리고 타락한 인간 본성의 우상 숭배 경향의 현실에 근거한다.

성경적 예배 교리에 대한 개혁주의적 관점의 이 핵심적 기초들 각각은 고려할 가치가 있다. 우리는 각각을 간단히 살펴보고, 예배에 대한 성경 교훈에 대한 교회사의 증거를 실펴보면서 결론을 내릴 것이다.

1. 기초적 실재들

1) 하나님의 본질

하나님의 본질, 즉 하나님은 누구신가가 우리가 하나님을 어떻게 예배해야 하는지를 결정한다. 이것이 옛 언약과 새 언약 모두에서 예배의 주된 원칙이다.

신명기 4:15-19에서, 예배에서 형상을 금하는 두 번째 계명은 이스라엘이 하나님의 형상을 보지 못했다는 사실에 명시적으로 근거하고 있으며, 이는 물론 하나님 존재의 본질에 근거하고 있다.

마찬가지로 이것이 예수님께서 사마리아 여인에게 요한복음 4:24에서 "하나님은 영이시니 예배하는 자가 영과 진리로 예배할지니라"고 말씀하신 바다.

영과 진리로 예배한다는 것이 무엇을 의미하든, 예수님은 틀림없이 그것의 조건을 "하나님은 영이시다"라는 개념에 두고 있으며, 이는 하나님의 본질, 즉 신론(theology proper)에 근거하고 있다.

그러므로 어떤 의미에서 우리의 예배학은 신학의 결과다. 이는 새 언약의 예배 방식이 궁극적으로는 일시적이고 과도적인 실정법 또는 새 언약의 규범에서 유래한 것이 아니라, 하나님 그분의 성품에 근거한 것임을 의미한다.

R. C. 스프로울(R. C. Sproul)이 자주 상기시키듯이, 개혁주의 신론의 특징은 신론이 예배를 포함한 우리 신학의 모든 측면을 통제한다는 점이다.

마찬가지로 공동예배는 하나님의 주된 은혜의 방편의 중심으로서 하나님께서 하나님 자신을 아는 지식으로 교회를 성장시키고 교화하기 위해 선택하신 수단이며, 우리의 특별한 지상 교제를 위한 도구다(마 18장). 따라서 규정적 원리는 단순히 시내산 언약의 어떤 특수성에 근거하는 게 아니라 하나님의 성품에 근거한다.

위의 요점에 평행하는 진리는 공동예배가 하나님에 대한 우리의 이해를 형성한다는 것이며, 따라서 하나님의 자기 계시가 우리가 그분을 아는 데 주된 요소라면 공동예배는 반드시 하나님에 의해 감독되어야 한다는 것이다. 이것이 출애굽기 20:4-6의 근본적인 논리들 중 하나다.

만약 당신이 형상을 사용하여 하나님을 예배하면, 그것이 하나님에 대한 당신의 관점을 바꾼다. 형식은 내용에 영향을 준다. 예배의 수단은 예배자들의 하나님에 대한 이해에 영향을 끼친다. 따라서 기독교 공동예배는 하나님에 관한 성경 교훈의 이해를 요구하는 동시에 형성한다. 신론은 우리의 공동예배를 형성하고, 다시 우리의 공동예배는 신론에 대한 우리의 실천적 이해를 정제하고 수용한다.

물론, 삶 전체의 예배가 우리의 공동예배에 영향을 끼치는 것이 사실이다. "[그들의] 몸을 거룩한 산 제물로 드리지" 않는 사람들은 말씀이 보여 주는 공동예배의 충만함에 들어갈 준비가 되어 있지 않으며, 공동예배의 주요한 윤리적 효과 중 하나를 드러내지 않는다.

사실 모인 예배에서의 활동과 삶의 다른 부분에서의 예배 사이에 경험적 불협화음이 있는 사람은, 유사하지만 따로 있는 삶으로 치명적인 영적 위선의 번식지를 만들 위험이 있다.

그런데도 특히 지역교회에서 하나님께서 교회의 건덕을 위해 지정하신 은혜의 방편들, 즉 말씀(읽기, 설교하기, 노래하기), 기도(성경의 약속을 간구하기, 성경의 하나님을 찬양하고 감사하기, 죄를 고백하기, 성도들을 위한 중보기도), 그리고 성례(성경의 약속을 확증하는 하나님께서 지정하신 실질적인 표징들)를 통해 우리는 하나님을 알게 된다.

이 맥락은 하나님을 아는 지식의 성장을 위해 필요한 기독교 제자도의 계시적 및 관계적 측면을 제공한다. 따라서 예배 방식은 은혜 안에서 우리의 성장과 참되신 한 분 하나님을 아는 지식에 필수적인데, 이는 그것이 참되신 한 분 하나님을 이해하는 데 기여하기 때문이다.

우리는 "우리는 우리가 예배하는 것처럼 된다"라는 격언을 종종 듣고 또 동의한다. 그러나 개혁주의적 예배 이해는 또한 "우리가 **어떻게** 예배하듯이 된다"는 것 또한 사실임을 가르친다.

2) 창조주-피조물의 구별

성경의 신성한 창조주와 피조물의 구별은 우리의 예배 방식에 영향을 주고 규정적 원리를 필요하게 한다. 성경은 처음부터 끝까지 이 구별을 기념한다.

창세기 1장은 하나님께서 세상을 만드셨고 세상 위에 통치하시며 피조물의 일부가 아니시고 그 안에 포함되지 않으심을 강조한다. 우리는 하나님이 하나님이시고 우리는 아니라는 사실을 계속해서 상기하게 된다.

> 여호와가 우리 하나님이신 줄 너희는 알지어다 그는 우리를 지으신 이요 우리는 그의 것이니 그의 백성이요 그의 기르시는 양이로다 (시 100:3; 또한, 겔 28:2 참조).

우리는 그분의 비공유적 속성, 그분과 우리의 존재 사이에 바꿀 수 없는 불연속성을 반복적으로 배운다.

> 하나님은 사람이 아니시니 거짓말을 하지 않으시고 인생이 아니시니 후회가 없으시도다 어찌 그 말씀하신 바를 행하지 않으시며 하신 말씀을 실행하지 않으시랴(민 23:19).

우리는 그분의 도덕성뿐만 아니라 그분의 장엄한 거룩하심에도 강력하게 주목하게 된다.

> 주께서 높이 들린 보좌에 앉으셨는데 그의 옷자락은 성전에 가득하였고 스랍들이 모시고 섰는데 각기 여섯 날개가 있어 그 둘로는 자기의 얼굴을 가리었고 그 둘로는 자기의 발을 가리었고 그 둘로는

날며 서로 불러 이르되 거룩하다 거룩하다 거룩하다 만군의 여호와 그의 영광이 온 땅에 충만하도다 하더라(사 6:1-3).

이 모든 것은 하나님의 초월성과 우리의 유한한 마음이 하나님을 헤아릴 수 없음을 강조한다.

따라서 예배가 하나님의 본질에 따라야 하고, 그분의 본질이 초월적이고 무한하며 헤아릴 수 없는 것이라면, 그분의 말씀의 지침 없이 어떻게 예배할 수 있겠는가. 다시 말하지만, 우리의 신학은 우리의 예배학에 영향을 끼친다.

창조주와 피조물 사이의 거리(칼빈, 스콜라 학파, 웨스트민스터, 반 틸, 심지어 바르트까지 강조한 점)를 고려할 때, 부정할 수 없는 성경적 현실인 하나님의 길과 생각이 하늘이 땅에서 높음 같이 우리의 것보다 높다는 것을 고려할 때(사 55:8-9) 그렇다.

하나님이 그분의 말씀에서 우리에게 무엇을 하라고 하신 것을 떠나서 우리가 어떻게 대체 하나님을 기쁘시게 할 수 있다고 생각할 수 있겠는가![1]

---

1 나는 이 섹션 전반에 걸쳐 T. David Gordon의 "Nine Lines of Argument in Favor of the Regulative Principle of Worship"에서 많은 영감을 받았다. 이는 고든콘웰신학교의 교회론 강의에서 시작되었으며 인터넷 여러 곳에서 유통되고 있다. 그의 언어가 가끔 내 글에서도 감지될 수 있다.

웨스트민스터 총회는 350년 그 이전에 이 주장을 서술했다.

> 하나님과 피조물 사이의 간격은 너무나 크기 때문에, 비록 이성적인 피조물들일지라도 마땅히 하나님을 그들의 창조주로 순종할 의무만을 가지고 있다. 그러나 그들은 의무수행의 결과로 그들이 하나님에게서 무슨 축복이나 상급을 얻어 낼 수가 없었고, 오직 하나님 편에서 자원적으로 자기를 낮추심에 의해서만 그것을 얻을 수 있다(7.1).

3) 계시와 지식의 본질

계시와 지식에 대한 성경적 개념은 계시에 의해 지시를 받는 예배를 요구한다. 성경적 예배는 본질적으로 계시에 대한 반응을 포함한다. 하나님께서 족장들을 찾아가 약속과 축복을 주도하시고, 그들이 믿음과 감사로 반응했던 언약들에서처럼 예배에서도 하나님이 주도권을 잡으신다.

이는 하나님의 본질이 예배를 결정하고 그분의 본질이 무한하기 때문만이 아니라, 눈을 가리는 죄의 장애물 때문에도 필요하다.

> 비록 본성의 빛과 창조와 섭리의 일들이 사람들로 핑계할 수 없도록 하나님의 선하심과 지혜와 능력을 나타내지만, 그것들은 구원에 필요한 하나님과 그분의 뜻을 알게 하는 데는 충분치 못하다."[2]

또한, 우리의 죄 때문에 그것은 올바른 예배에 필요하다. "그러므로 주께서는 여러 시대에 여러 방식으로 자신을 계시(啓示)하시고 그분의 교회에 그분의 뜻 선언하기를 기뻐하셨고,"[3] 특히 예배의 중심적 사안에 대해 그리하셨다.

계시가 구원에 관한 인간 지식의 신적 기초인 것처럼, 계시는 또한 그 자체로서 제대로 이해될 때, 계시에 대한 반응으로 우리가 하나님을 예배하는 것에 관한 신적 기초이기도 하다. 따라서 만일 예배가 계시에 대한 올바른 반응이라면, 그것은 반드시 계시에 의해 지시되어야 한다.

따라서 우리는 예배에서 하나님의 부르심과 우리의 응답이라는 대화적 측면을 본다. 하나님은 계시, 약속, 축복을 통해 예배를 주도하신다. 그분의 백성은 듣고 믿으며 찬양, 경배, 고백, 감사로 응답한다. 이 신적이고 언약적인 패턴은 성경 모든 시대의 참된 예배에 반영되어 있으며, 고유의 독특

---

[2] 웨스트민스터 신앙고백서 1.1, 롬 1:18-20, 고전 1:21; 2:12-14에 근거.
[3] 웨스트민스터 신앙고백서 1.1, 히 1:1에 근거.

함이 무엇이든 간에, 성경 읽기, 설교(계시에 있어 하나님의 주도권), 찬송, 기도(계시에 대한 우리의 반응)의 나눌 수 없는 핵심을 내놓는다.

R. P. 마틴(R. P. Martin)은 이렇게 말한다.

> 공예배의 독특한 천재성은 계시와 응답의 두 박자 리듬에 있다. 하나님이 말씀하시면, 우리는 대답한다. 하나님이 행동하시면, 우리는 받아들이고 드린다. 하나님이 주시면, 우리는 받는다. 이 그림의 필연적 결과로서 예배는 사람이 하나님께 드리는 제물을 의미하는 단어인 **희생**을 내포한다. 예배자는 수동적이고 움직이지 않는 수령자가 아니라, '제물을 드리도록' 부름 받은 능동적 참여자다.[4]

4) 두 번째 계명

두 번째 계명의 지속적인 도덕적 규범은 참된 예배가 규정적 원리에 부합할 것을 요구한다. 우리는 두 번째 계명을 연구하면서, 그것이 우상 제작뿐만 아니라, 참되신 한 분 하나님을 예배하는 데에 형상의 사용뿐만 아니라, 하나님을 예배

---

4 R. P. Martin, *The Worship of God: Some Theological, Pastoral, and Practical Reflections* (Grand Rapids: Eerdmans, 1982), 6.

하는 데에 금지된 것의 도입뿐 아니라, 명령되지 않거나 허락되지 않은 것은 무엇이든지 금한다는 것을 이미 살펴보았다.

이 계명의 지속적인 유효성은 도덕법에 속한 것으로서, 의식법에 속하지 않고, 가변적인 도덕적 규범이 아니라 하나님의 성품을 반영하며, 성경 전체에 걸쳐 그 핵심 원칙이 지속적으로 반복되고, 바울이 그것에 대한 순종을 기독교의 본질로 묘사한 데서 볼 수 있다

> 너희가 어떻게 우상을 버리고 하나님께로 돌아와서 살아 계시고 참되신 하나님을 섬기는지(살전 1:9).

이 때문에 로버트 댑니(Robert Dabney)는 신약을 "우상 숭배를 전복하려는 책"[5]이라고 부른다.

사실 신약은 두 번째 계명의 불변하는 도덕적 규범으로 인해, 구약의 우상 숭배 비판을 더욱 확장한다. 두 번째 계명에서 금지된 우상 숭배는 이중적 본질(참되신 한 분 하나님이 아닌 것을 예배하거나, 참된 하나님을 그분이 명하지 않으신 방식으로 예배하는 것)을 가지므로. 우리는 규정적 원리가 우리로 도움으로

---

[5] Robert L. Dabney, *Lectures in Systematic Theology* (Grand Rapids: Baker, 1985), 183.

써 우상 숭배적 예배를 피해야 한다.

따라서 예배의 요소들(elements)은 하나님께서 직접 제정하셔야 하고, 그 요소들이 수행되는 형식(forms)은 그 요소의 본질이나 내용에 적대적이지 않고 예배의 본질과 목적에서 주의를 돌리지 않아야 하며, 예배의 환경(circumstances)은 예배 요소를 가리거나 손상시키지 않고, 은혜의 방편을 신중하게 촉진해야 한다.

5) 믿음의 본질

계시와 지식에 관한 성경적 교훈과 관련해서, 예배의 개혁주의적 접근의 또 다른 중요한 구성 요소가 있다. 그것은 '믿음의 논증'(the argument from faith)이다(예를 들어, 존 오웬은 이를 설득력 있게 제시한다).

믿음은 참된 예배에 필수적이므로, 예배의 조건은 참된 믿음의 실천과 일치해야 한다. 본질적으로 믿음은 하나님의 계시, 특히 그분의 언약과 약속의 계시에 대한 믿음의 반응이다.

웨스트민스터 신앙고백서는 이렇게 말한다.

> [믿음에 의해] 그리스도인은 그것 안에서 말씀하시는 하나님 자신의 권위 때문에 말씀 속에 계시된 것은 무엇이든지

참되다고 믿으며, 그것의 각 구절이 담고 있는 바에 따라 다르게 행동하니, 명령에는 순종하며, 경고에는 떨며, 이 세상과 오는 세상을 위한 약속들은 받아들인다(14.2).

하나님이 자신을 계시하지 않으신 곳에서는, 믿음의 본질 때문에 그분의 계시에 대한 신실한 반응이 있을 수 없다.

> 믿음이 없이는 [하나님을] 기쁘시게 하지 못하나니(히 11:6).

> 믿음을 따라 하지 아니하는 것은 다 죄니라(롬 14:23).

이 말씀들에서 알 수 있듯이, 하나님은 그분의 계시에 순종하는 반응이 아닌 예배로는 기뻐하실 수 없는데, 그것은 그 자체로 "믿음이 없는"(un-faith-full) 예배이기 때문이다.

따라서 다시 한번 우리는 예배가 확실히 하나님의 말씀에 근거해야만 함을 알게 된다.

6) 신중함의 교리

성경은 우리가 예배에 신중해야 한다는 것을 매우 명확히 나타낸다. 우리의 하나님은 소멸하는 불이시며, 가볍게 대할 수 없는 분이시다. 선한 믿음으로 여겨지는, 규정되지 않은 예배를 드린 사람들에게 이따금 내려진 처벌의 엄격함이 우리의 주의를 끈다. 나답과 아비후의 다른 불 일화(레 10:1-2), 그리고 웃사와 다윗과 언약궤 일화(삼하 6장)이다.

그러나 예배에서의 신중함에 대한 성경적 교리는 이 숨막히는 경고 본문들보다 더 넓은 기초 위에 세워져 있다. 이는 최소한 다음의 성경적 진리들에 의해 뒷받침된다.

- 우리는 하나님을 예배하도록 창조되었으며, 따라서 우리의 목적을 완수하기 위해서는 예배 방식에 신중해야 한다.
- 공동예배는 삶 전체 예배의 질을 좌우하며, 우리의 신중함을 요구한다.
- 하나님께서 영과 진리로 예배할 예배자를 찾으신다는 사실은 그러한 예배자가 되기를 원하는 모든 사람이 영과 진리로 어떻게 예배하는지를 스스로 신중하게 익히도록 강제한다.
- 예배에 부주의한 사람들에게는 그들이 아무리 신실해도 하나님은 위험한 분이시다.

따라서 개혁주의 전통은 항상, 특히 예배에서 파멸의 길은 선의로 포장되어 있음을 이해해 왔다. 의도만으로는 충분치 않다. 우리는 말씀의 권위에 순종하고, 말씀을 배우고 순종하는 것에 신경을 써야 하며, 말씀의 어느 부분도 무시하지 말아야 한다. 신중함의 길은 말씀의 길이며 규정적 원리를 확증한다.

7) 교회의 파생적 권위

교회 권위의 파생적 본질에 대한 성경의 교훈은 예배에서 교회의 재량적 권한을 제한하고 규정적 원리를 준수하도록 명한다.

예수님은 교회의 유일한 왕이시며 입법자이시다(마 28:18-20). 교회의 모든 권위는 그분에게서 비롯된다.

교회의 일반적인 직분자들은 교회를 세우기 위한 그리스도의 선물로서(엡 4:11-13), 자신들의 법과 규범을 제정할 권한이 없으며, 그들의 임무는 말씀에 계시된 그분의 통치와 법을 집행하는 것이다. 이것이 장로교인들이 그들의 교회 회의와 총회를 "법정"(courts)이라고(입법기관이 아니라) 부르는 이유 중 하나다.

그들의 임무는 왕의 법을 집행하는 것이지, 법을 만드는 것이 아니다. 따라서 모든 교회권은 '행정적이고 선포적'이다. 즉, 교회권은 말씀을 섬기고 교회의 왕의 뜻을 선포한다.

제임스 배너먼(James Bannerman)은 그의 저서 『그리스도의 교회』(*The Church of Christ*)에서 이러한 주장을 펼친다.

교회는 하나의 기관인데, 부활하신 그리스도의 명령에 의해 제정된 기관이며, 그분의 명령에 대한 순종과 그분의 성례에 참여하도록 요구할 권한을 부여받았다. 교회는 스스로의 명령에 대한 순종을 요구할 권한이 없으며, 스스로 만든 예식들에 참여하도록 요구할 권한도 없다.[6]

만약 그렇다면, 예수님이 예배의 본질과 구성 요소들에 관한 재량적 권한을 교회에 남기지 않으셨다는 것은 놀라운 일이 아니다. 교회의 임무는 단순히 말씀에 지시된 대로 예배에 대한 그분의 통치를 집행하는 것이다. 따라서 교회 정치의 규정적 원리는 예배의 규정적 원리를 뒷받침하고 필요하게 만든다.

8) 그리스도인의 자유에 대한 교리

그리스도인의 자유에 대한 성경적 교리는 우리의 예배 교리에 매우 중요하며, 오직 규정적 원리에 의해서만 보호될 수 있다.

웨스트민스터 신앙고백서는 다음과 같이 대담하게 선언한다.

---

6 Gordon, "Nine Lines of Argument"에서 인용.

> 하나님만이 양심의 주인이시며, 하나님은 그것을 믿음이나 예배의 문제들에 있어서 그분의 말씀에 반대되거나 혹은 그것을 벗어나는 사람들의 교리들과 계명들로부터 자유하게 하셨다. 따라서 양심을 떠나서 그러한 교리들을 믿는 것이나, 그러한 계명들을 순종하는 것은 양심의 참된 자유를 배반하는 것이요, 맹목적 믿음과 절대적 맹목적 순종을 요구하는 것은 양심의 자유와 또한 이성을 파괴하는 것이다(20.2).

이 그리스도인의 자유 선언은 로마서 14:1-4, 갈라디아서 4:8-11, 골로새서 2:16-23에서 발견되는 바울의 원칙에 기초한다.

규정적 원리는 예배에서 인간적 의견의 지배로부터 신자의 자유를 보장하기 위해 고안되었다. 그러나 일부 사람들은 규정적 원리를 율법주의적이고 제한적인 것으로 본다. 그들은 그것이 다양한 활동을 금지하고 다른 활동을 제한한다는 점을 제대로 지적한다.

그러나 돌이켜 보면, 이는 자유를 가져다주는 성경적 규범을 시행하도록 돕는다는 뜻일 뿐이다. 인간적 의견으로부터의 자유는 오로지 하나님의 선하고 은혜롭고 지혜로운 율법의 통치에서만 찾을 수 있다. 만약 말씀 외에도, 또는 말씀에 더하여 우리가 어떻게 예배할지를 인간들이 감독할 수 있다면, 우리는 그들의 명령에 사로잡힌 것이다.

공동예배의 맥락에서 그리스도인 자유의 주된 축복들 중 하나인, 인간적 교리와 명령으로부터의 자유를 진정으로 경험할 수 있는 유일한 길은 공동예배가 오직 하나님의 말씀만을 따라 감독되는 경우이며, 그것은 규정적 원리를 따르는 것을 의미한다.

> 하나님은 우리가 그분이 계시하신 대로만 그분을 예배하도록 요구하신다. 그러므로 공동예배에서 하나님이 요구하지 않으신 것을 하도록 요구하는 것은 하나님이 그들에게 시키셨다고 믿지 않는 일을 하게 만듦으로써 그 사람의 양심을 거스르는 죄를 짓게 강제하는 것이다.[7]

9) 참된 경건의 본질

하나님은 반복적으로 그분의 말씀을 정확히 행하는 자들에 대한 기쁨과 즐거움을 표현하신다.

이사야 66:1-4에서, 참된 종교(하나님의 생명이 인간의 영혼 속에 있는 것)는 자기의 길을 택하는 자와 대조적으로 "마음이 가난하고 심령에 통회하며 내 말을 듣고 떠는 자"이다.

---

7 Gordon, "Nine Lines of Argument"에서 인용.

신명기 12:29-32은 만연한 문화적 규범들에 근거한 예배 관행을 세우는 것을 명시적으로 경고한다. 참된 경건은 하나님의 명령을 순종하는 자들에게서 나타난다.

> 내가 너희에게 명령하는 이 모든 말을 너희는 지켜 행하고 그것에 가감하지 말지니라(신 12:32).

사울 일화에서 지배적인 주제는 "순종이 제사보다 낫다"는 것이며(삼상 15:3-22), 이는 공동예배에서 하나님의 말씀에 대한 엄격한 순종에 중점을 둔 사상이다. 참된 경건은 우리의 예배 표현에서 하나님의 말씀에 대한 겸손한 순종으로 나타나며, 따라서 우리에게 온전히 성경에 부합하는 예배를 드리도록 촉구한다.

10) 우리의 우상 숭배 경향

타락한 인간의 우상 숭배 경향에 대한 성경적 가르침은 하나님을 예배하는 것에 대한 우리의 접근 방식에 영향을 미치며, 우리로 하여금 규정적 원리를 받아들이도록 이끈다.

칼빈은 우리의 마음을 "끊임없는 우상의 공장들"이라고 불렀다. 경험은 그의 그다지 유쾌하지 않은 평가를 확정한다. 사실 이론적 무신론이 아니라 우상 숭배가 인간 마음의 기본적인 문제다.

루터는 "본성적으로 우리는 그것에 끌리고, 유산으로 우리에게 내려오며, 그것이 즐겁게 느껴진다"고 했다.

인간은 하나님의 형상대로 창조되었으며, 그 마음에 신성에 대한 감각이 지울 수 없게 새겨져 있어서 필연적으로 종교적이다. 그러나 타락 이후 우리의 경향은 우리 자신의 형상대로 신을 창조하려 하고, 따라서 우리를 자신의 형상대로 만드신 그분이 아니라 우리 자신을 예배하려 한다.

이것이 바로 로마서 1:19-25에서 바울의 주장이다.

> 이는 하나님을 알 만한 것이 그들 속에 보임이라 하나님께서 이를 그들에게 보이셨느니라 창세로부터 그의 보이지 아니하는 것들 곧 그의 영원하신 능력과 신성이 그가 만드신 만물에 분명히 보여 알려졌나니 그러므로 그들이 핑계하지 못할지니라 하나님을 알되 하나님을 영화롭게도 아니하며 감사하지도 아니하고 오히려 그 생각이 허망하여지며 미련한 마음이 어두워졌나니 스스로 지혜 있다 하나 어리석게 되어 썩어지지 아니하는 하나님의 영광을 썩어질 사람과 새와 짐승과 기어다니는 동물 모양의 우상으로 바꾸었느니라 그러므로 하나님께서 그들을 마음의 정욕대로 더러움에 내버려 두사 그들의 몸을 서로 욕되게 하게 하셨으니 이는 그들이 하나님의 진리를 거짓 것으로 바꾸어 피조물을 조물주보다 더 경배하고 섬김이라(롬 1:19-25).

이 고소장은 하나님께서 자신의 일반계시를 자연인 속에 그리고 그에게, 또한 더 큰 피조세계에 분명히 나타내셨으므로 반역에 대한 하나님의 고발을 변호할 수 없는 처지임에도 불구하고 이 지식이 예배와 감사로 이끄는 것이 아니라 우상 숭배로 이끈다는 것을 고발한다.

이것은 바울이 인간 전체, 즉 유대인과 이방인에 대해 제기한 고소의 일부이다. 이것이 바로 존 웨슬리조차도, 모든 사람은 본질적 상태에서 심각한 우상 숭배자로 세상에 태어난다고 말할 수 있었던 이유다.

이것이 하나님의 구원 은혜를 떠난 우리의 상태라면, 그리스도인의 삶에 지속되는 부패, 내재하는 죄의 실제, 주된 죄가 작동하는 방식에 대한 지식, 점진적 성화의 단계적이고 부분적인 작업에 대한 이해, 그리고 적절한 겸손과 자기 인식은 분명히 우리를 인간의 발명품을 피하게 하고 예배에서 인간의 창의성을 조심하게 만들 것이다.

우리는 모두 회복 중인 우상 숭배자들이다. 예배 방식에 관한 한 극도의 신중함이 필요하다. 궁극적으로 세상은 우상 파괴자와 우상 숭배자로 나뉜다. 당신은 어느 쪽에 설 것인지 결정해야 한다.

11) 교회사의 증거

예배에 대한 성경 교훈에 있어 교회사의 증거(긍정적이고 부정적인 것 모두)는 우리의 예배를 교육하며 성경에 따른 예배를 우리에게 권고한다. 교회사는 기독교 예배를 위한 규범적 권위를 제공하지 않지만, 우리가 무시하기에는 어리석은 교육적 권위를 제공한다.

휴즈 올드(Hughes Old)는 이렇게 말한다.

> 궁극적으로 우리는 전통이 우리에게 예배에 대해 무엇을 말하는지보다는 성경이 예배에 대해 무엇을 말하는지, 전통이 우리에게 무엇을 말하는지에 더 관심이 있다.[8]

기독교 역사는 우리에게 무엇을 가르치는가?
여러 가지가 있다.

- 단순하지만 강력한 성경적 예배는 최고의 시대마다 교회 예배의 일관된 특징이다. 가장 건강한 기독교의 증거는 성경이 충만한, 성경이 지시하는 예배, 즉 성경이 읽

---

[8] Hughes Oliphant Old, *Worship That Is Reformed according to Scripture* (Atlanta: John Knox, 1984), 170-71.

히고, 설교되고, 노래되고, 기도되며, 보이는 말씀인 성례가 성경에 기록된 대로 집행되는 예배다. 이것이 바로 규정적 원리가 오늘날 교회에서 촉진하려는 것이다.
- 성경 및 성경 이후 교회사에서 공동예배의 쇠퇴가 종교의 쇠퇴와 연결되어 있다는 여러 증거가 있다.
- 이와 관련하여 교회사는 그리스도인들이라 할지라도 스스로의 방법들에 맡겨졌을 때, 필연적으로 비성경적이고 불경건한 예배를 만든다는 것을 보여 준다. 종교개혁은 바로 이것에 대한 거대한 항거였다.
- 역사는 규범적이지 않지만, 성경을 이해하는 데 도움을 주고, 우리 자신의 시대의 독특한 경향과 유혹에 대한 관점을 제공한다.

기독교 역사를 살펴볼 때 우리는 성도의 교제(*sanctorum communio*)를 통해 지혜를 배우고, 우리의 우선순위를 평가하고 측정하며, 우리의 실천을 비교하고 대조할 기회를 갖는다. 이 외에 다른 길은 없다. 우리가 자신의 시대와 문화적 상황에서 성경에 따라 충실하게 예배하려고 할 때 과거의 성취와 실수는 교육적이고 진단적인 도움을 준다.

- 마지막으로, 최고의 기독교 역사는 오늘날 우리의 예배에 가르침과 영감을 준다. 우리의 예배가 결코 과거의 단순한 복사본이 될 수는 없지만, 교회의 역사적 예배

유산에서 우리에게 남겨진 종교적 보물을 이해하는 것은 우리 시대의 만연한 연대기적 우월의식에 저항하는 것에 도움을 준다.

2. 그것, 무엇, 누구, 언제, 어디서, 왜, 그리고 어떻게를 알기

앞서 설명된 기초적 실재들은 서로 연결되고 중첩되어 규정적 원리의 정당성과 중요성을 확증하는 역할을 한다. 즉, 우리는 성경의 명백한 근거에 따라 하나님을 예배해야 한다는 원칙이다. 이 원칙을 적용하면 예배의 전체 범위를 이해하는 데 도움이 된다.

따라서 역사적 개혁주의 예배는 공동예배 그것이 무엇이며, 누가, 언제, 어디서, 왜, 그리고 어떻게 드려지는에 대한 하나님의 관심을 이해한다.

우리가 공동으로 예배드리는 '그것'이 중요하다. 왜냐하면, 하나님은 우리를 그분의 예배와 다른 예배자들과 공동체를 위해 창조하셨기 때문이다. 예배는 하나님이 "찾으시는" 그 한 가지다(요4:23).

공동예배가 '무엇'인지도 하나님께 또한 중요하다. 그것은 전도도 아니고, 상호 간의 유익한 교제도 아니다. 그것은 하나님과의 가족 모임이며, 언약 공동체가 하나님과 교제하고,

그분의 백성이 모여서 그분의 얼굴을 구하며, 그분을 영화롭게 하고 즐거워하며, 그분의 말씀을 듣고, 그분과의 연합과 교제의 영광을 누리며, 그분의 말씀에 응답하고, 그분께 찬양을 돌리며, 그분의 이름에 합당한 영광을 돌리는 것이다.

존 파이퍼는 이렇게 말한다.

> 예배의 진정한 내적 본질은 그리스도로 만족하는 것이며, 그리스도를 귀하게 여기고, 소중히 여기고, 보물처럼 여기는 것이다. … 이는 예배가 무엇을 다루어야 하는지 이해하는 데 매우 중요하다. 예배는 "하나님을 열심히 추구하는 것"이다.
>
> 우리가 일요일 아침에 하는 일이 "하나님을 열심히 추구하는 것"이라고 말할 때, 우리는 하나님 안에서 만족을 열심히 추구하고, 하나님을 우리의 상급으로 열심히 추구하며, 하나님을 우리의 보물, 영혼의 양식, 마음의 기쁨, 영의 즐거움으로 열심히 추구하는 것을 의미한다. 또는 그리스도를 제자리에 둔다면, 십자가에 못 박히고 부활하신 예수 그리스도 안에서 하나님께서 우리를 위하신 그 모든 것을 열심히 추구하는 것이다.[9]

---

[9] John Piper, Brothers, *We Are Not Professionals: A Plea to Pastors for Radical Ministry* (Nashville: Broadman & Holman, 2002), 236.

예배는 능동적이기도 하고 수동적이기도 하다. 우리는 하나님을 찬양하고 그분의 축복을 받기 위해 온다(시 134편). 기독교 공동예배는 성부께 초점을 맞춘, 그리스도 중심적인, 성령의 능력을 힘입은 것이다(엡 1:3-14).

> 하나님께 합당한 송영을 드리는 모든 형식을 정돈하려 애쓰는 신자들의 육신이, 성경의 앞선 계시와 예견된 완성으로 영광의 성취를 가져올 것을 기대하는 모든 새 언약의 명령과 예시들의 모음에 따라, 모든 경건한 찬양을 하나님께 돌리려 노력하는 가운데서 드려진다.[10]

예배에 있어 '누구'는 당연히 참된 예배의 중심이다(요 4:22, 24). 이것이 첫 번째 계명이 다루는 모든 것이다. 우리는 성경의 하나님, 즉 그 자신을 계시하신 하나님을 예배하는 것을 목표로 한다.

왜냐하면, 우리가 그분을 있는 그대로 알지 못하면 우리가 예배해야만 하는 그분을 예배할 수 없기 때문이다. 그리고 그분이 그분 스스로를 그분의 말씀으로 계시하지 않는 한 우리는 그분을 알 수 없기 때문이다. 우리가 원하는 신이 있

---

10 D. A. Carson, "Worship under the Word," in *Worship by the Book*, ed. D. A. Carson (Grand Rapids: Zondervan, 2002), 26.

고 스스로 계시는 하나님이 있는데 이 둘은 같지 않다.[11]

예배의 대상이 올바르다는 것을 확신하는 유일한 길은 하나님의 기록된 자기 계시에 따라 예배하는 것이다.

공동예배의 '언제'도 새 언약 시대에서 여전히 중요하다. 구약 시대에는 하나님의 창조의 안식과 새 언약의 현실을 예고하는 다양한 절기 때문에 일곱째 날에 예배를 드려야 했다. 이제 세상의 마지막 때에, 공동예배는 주간의 첫째 날인 주일에 이루어져야 한다.

기독교 안식일에 대한 개혁주의적 관점을 받아들이지 않는 사람들에게도, 주일 공동예배의 중요성을 확립하는 네 가지 거대한 실재가 있다.

- 그리스도의 부활, 이는 그리스도가 그 자신을 위해 한 백성을 만드시는 재창조적 사역의 기초다(막 16:1-8; 고후 5:14-17; 갈 6:15-16; 골 1:15-22).
- 주일을 통해 예고된 영원한 안식(히 4:9).

---

11 나는 팻 몰리(Pat Morley)의 강력한 관찰에서 이 표현의 패턴을 빌려왔다. "우리가 원하는 신이 있고, 스스로 존재하는 신이 있다. 그리고 이 두 신은 동일하지 않다. 우리 인생의 전환점은 우리가 원하는 신을 찾는 것을 멈추고 스스로 존재하는 신을 찾기 시작할 때이다." *The Rest of Your Life* (Nashville: Nelson, 1992), 120.

- 신약 교회의 주일 언어와 주일 준수(계 1:10; 마 28:1; 눅 24:1; 요 20:1; 19-23; 행 20:7; 고전 16:2).
- 성도들이 모이도록 한 신약의 명령, 우리가 모일 때 우리와 함께하신다는 그리스도의 약속, 신약 그리스도인들의 모임의 충실한 예시, 그리고 지역교회 안에서 새로운 회심자들을 제자 삼으라는 예수님의 명확한 명령(히 10:24-25; 마 18:20; 28:18-20; 행 1:4).

비록 구약 시대와는 달라졌지만, 새 언약 예배의 '어디서'도 역시 중요하다. 예전에는 '성막'이나 '성전' 또는 '예루살렘'이 답이었다면, 이제는 '주님의 집(즉, 그의 백성)이 모이는 어디든지'가 답이다. 예수님은 사마리아 여인에게(요 4:21) 그리고 그분의 제자들에게 (분명히 회집한 교회의 생명에 엄숙한 요소인) 교회의 치리를 다루면서(마 18:20) 이것을 강조하신다.

새 언약 예배의 장소는 더 이상 지리적 위치와 물리적 구조에 불가분하게 매여 있지 않고, 모인 사람들에게 매여 있다. 이것이 바로 옛 스코틀랜드 전통에서 사람들이 교회 건물에 들어가려 모일 때 우리가 자주 말하듯이 "교회에 간다"고 하기보다 "교회가 들어간다"고 말하는 이유이다.

전투하는 교회에 있는 새 언약의 특별한 하나님의 임재 장소는 그곳이 어디에 있든지 모인 몸에 있다. 카타콤이든 상점이든 아름다운 식민지 시대 교회 건물이든 말이다.

공동예배에서 '왜'는 하나님께도 매우 중요하며, 한 가지 이상의 올바른 성경적인 답이 있다. 그중에서도 "그의 영광을 위해"(고전 10:31; 시 29:1-2)가 최상위에 있다.

하나님의 영광이 창조의 모든 것보다 더 중요하기 때문이라는 것보다 "우리가 왜 예배하는가"에 대한 더 높은 답은 없다. 교회의 제일 되는 목적은 영원히 함께 하나님을 영화롭게 하고 그분을 즐거워하는 것인데, 이는 세상 모든 것 중 가장 중요한 것은 하나님의 영광인 까닭이다(빌 2:9-11).

존 파이퍼는 그 누구보다도 효과적으로 이것을 우리 세대에 전달한다. 다른 이유들도 또 있다.

- 하나님이 예배하라고 말씀하셨기 때문에
- 하나님이 우리를 예배하도록 창조하셨기 때문에
- 하나님이 우리를 예배하도록 구원하셨기 때문에
- 피조물로서 우리의 자연적인 의무이자 그리스도인으로서 예배함이 기쁨의 의무이기 때문에
- 우리의 예배는 구원의 은혜에 대한 감사의 반응이기 때문에
- 새 마음을 가진 자들이 그분의 말씀을 듣고자 하고 헌신을 표현하고자 갈망하기 때문에
- 하나님이 우리에게 그분 자체로 축복해 주시기를 원하시기 때문에

- 하나님이 우리를 자신의 기업으로 택하셨고 그분의 성례에서 우리와 교제하기를 원하시기 때문에 등

공동예배에서 '어떻게'는 두 번째 계명의 문제지만, 앞서 보았듯이 신약 교회에서도 주된 관심사다(요 4장; 고전 11, 14장; 골 2장). 여기가 규정적 원리가 가장 분명하게 드러나는 곳이다.

규징적 원리는 공동예배가 모든 면(기준, 동력, 동기, 그리고 목표)에서 성경적이도록 확실시하는 데 관심을 둔다.

- 기준이 성경적이라는 것은 예배의 본질과 요소, 그리고 공동체성이 성경에 따라 명백하게 일치한다는 것을 의미한다.
- 동력이 성경적이라는 것은 예배가 성경 교훈에 따라 성령에 의해 모이고, 성령에 의존하며, 성령에 의해 생기고, 성령에 의해 강화된다는 것을 의미한다.
- 동기가 성경적이라는 것은 예배가 은혜에 대한 공동체의 감사의 반응인 동시에, 하나님에 대한 열정의 표현, 우리가 창조되고 구속된 목적의 성취, 즐거운 순종에의 기쁨의 참여, 그리고 그리스도께서 주시는 삼위일체 하나님과의 공동체적 만남이라는 것을 의미한다.

- 목표가 성경적이라는 것은 모든 참된 공동예배가 하나님의 영광을 목표로 하고 그것의 표현이 되며, 승리한 교회가 영원한 하나님과의 연합과 교제를 가지는 영원한 언약의 완성을 묵상하는 것을 의미한다.

규정적 원리는 예배의 요소가 모호하지 않고 명백하게 성경에 기초하고, 예배의 형식과 상황이 성경에 부합하도록 교회를 돕는 것을 목표로 한다. 개혁주의 전통은 형식과 상황 그 자체보다는, 예배의 요소와 본질, 그리고 예배의 목적과 목표 자체에 관심을 가졌다.

종교개혁자들은 또한 현대인들이 종종 잊는 두 가지를 이해했다.

첫째, 그들은 예배의 전례, 매체, 도구, 수단이 결코 중립적이지 않으며, 따라서 "의도하지 않은 결과의 법칙"에 극도로 주의를 기울여야 한다는 점을 이해했다. 매체는 종종 메시지를 압도하고 변화시킨다.

둘째, 그들은 예배 방식이 예배의 무엇, 누구, 그리고 왜를 위해 존재한다는 것을 알았다. 공동예배의 요소와 형식과 상황의 목적은 성경의 하나님에 의해 정의된 대로 실제로 예배드리고, 이로써 성경의 하나님을 예배하고 있음과, 그분을 예배하는 목적이 성경에 제시된 목적임을 확신케 하는 것이다.

따라서 종교개혁자들은 예배 방식을 중요시했지만, 이는 전례가 신비적이거나 성례적이라고 생각했기 때문이 아니라, 전례가 모인 교회가 살아 계신 하나님과 교제하는 것을 방해할 수 있었기 때문이었다.

전례의 기능은 그것 자체에 주의를 끄는 것이 아니라, 성도들의 모임에서 하나님의 말씀을 전하고 그분의 백성이 받는 것에 섬김으로써 영혼의 하나님과의 교제를 돕는 것이었다.

이것이 바로 위대한 침례교 설교자 제프리 토마스(Geoffrey Thomas)가 참된 예배에서는 사람들이 예배 수단에 대해 거의 생각하지 않는데, 왜냐하면 그들의 생각은 하나님께로 향하기 때문이라고 말한 이유다.

참된 예배는 자기 의식 없이 자기를 지워 가는 것으로 특징된다. 즉, 성경적 예배에서 우리는 하나님 자신에게 집중하고, 그분의 고유하고 유일한 가치에 주의를 기울이기 때문에 우리는 그에게 사로잡히게 된다.

따라서 예배는 우리가 원하는 것이나 좋아하는 것에 관한 것이 아니라(그분에게서 우리의 눈을 떼어놓는 그분이 지정하신 수단도 아니라), 하나님과 만나는 것과 그분의 기쁨으로 기뻐하는 것이다. 찬양은 자아를 중심에서 밀어낸다.

예배에 관한 종교개혁자들의 접근 방식에 대해 또 다른 점을 주목해야 한다. 그들은 많은 현대 복음주의 예배 이론가가 관심을 가지는 문화적 수용에 동일한 관심을 가지지 않았다.

그들은 문화에서 파생된 예배에 반대했고, 현재의 문화적 형식을 기독교적으로 사용하기 위해 되찾으려는 것보다는, 그들의 특정 문화에 성경의 원칙을 심는 것에(그리고 심지어 성경에 감동된 성경적 문화의 최고를 모방하는 것에) 더욱 관심을 가졌다. 이것이 바로 우리 시대에 가장 큰 논란을 양산하는 영역들 중 하나다.

3. 예배의 형식과 내용

지금까지 우리는 예배에 대한 역사적 개혁주의의 접근 방식, 즉 규정적 원리의 사례를 개괄했다. 규정적 원리는 우리의 공동예배가 성경으로 가득 차고 성경에 의해 지시되기에, 그 본질과 구조가 성경적이고 내용과 순서가 성경적임을 확신하도록 도움을 준다. 달리 표현하면, 개혁주의 공동예배는 두 가지 방식으로 책에 따라 이루어진다. 예배의 핵심과 방법 모두 그 책[성경]에 의해 제공된다.

그렇다면 규정적 원리에 따라 이루어진 예배는 어떤 모습일까?

웨스트민스터 신앙고백서는 다음과 같이 구성 요소를 요약한다.

> 경건한 두려움을 가지고 성경을 읽는 것, 건전한 설교, 하나님께 순종하며 이해와 믿음과 존경을 가지고 그 말씀을 양심적으로 듣는 것, 마음에서 은혜로 시(詩)들[12]을 노래하는 것은, 또한 그리스도께서 제정하신 성례들을 정당히 시행하는 것과 합당히 받는 것과 같이 모두 하나님에 대한 일반적인 종교적 예배의 부분들이다. 이 외에 그것들의 낯 몇 때와 계절에 거룩하고 종교적인 방식으로 사용될 종교적 맹세들과 서원들, 엄숙한 금식들, 그리고 특별한 경우들에 하는 감사들이 있다(21.5).

예배에 대한 개혁주의 접근 방식에서 충격적인 점은 공동 예배의 본질이 성경과 성경적 신학으로 가득 차야 한다고 요구한다는 것이다. 규정적 원리를 받아들이는 사람들에게 적절한 신조는 아마도 "성경을 읽으라, 성경을 설교하라, 성경을 기도하라, 성경을 노래하라, 성경을 보라"일 것이다.

---

12 웨스트민스터 총회가 이 용어를 통해 회중의 찬양을 구약성경의 시편으로만 제한하려는 의도가 아니었다고 믿을 만한 충분한 이유가 있다.

1) 성경을 읽으라

공적 예배에서 우리는 성경을 읽어야 한다. 바울은 디모데에게 "읽는 것에 전념하라"(딤전 4:13)고 말했고, 따라서 규정적 원리에 영향을 받은 예배는 상당한 분량의 성경을 읽어야 한다(설교 본문에서만이 아니다).

성경의 공개 낭독은 구약 시대부터 하나님께 드리는 예배의 중심이었다. 하나님의 말씀 낭독에서 하나님은 가장 직접적으로 그분의 백성에게 말씀하신다. 오늘날 복음주의 예배에 성경이 거의 포함되지 않은 것은 슬픈 고발들 중 하나다. 반면, 웨스트민스터 총회의 공적 예배 모범(Directory for Public Worship)에서는 전체 장의 낭독을 권장한다.

2) 성경을 설교하라

우리는 성경을 설교해야 한다. 설교는 그분의 교회를 세우기 위해 지정하신 하나님의 최고 도구다. 바울이 말했듯이, "믿음은 들음에서 난다"(롬 10:14, 17). 충실한 성경 설교는 신자와 비신자 모두에게 성경을 설명하고 적용하는 것이다.

제임스 더햄(James Durham)은 이렇게 말한다.

모든 설교의 큰 설계는 언약 밖에 있는 자들을 언약 안으로 데려오는 것이며, 언약 안에 있는 자들이 그에 합당하게 걸어가도록 하는 것이다. 이 두 가지는 하나님의 편에서 결코 분리되지 않으므로, 우리의 편에서도 결코 분리되어서는 안 된다.[13]

이는 성경 본문에 정확하게 기초한 강해적이고 복음주의적인 실교를 의미한다. 이것이 우리가 매우 좋아하는 성공회 주교인 J. C. 라일(J. C. Ryle)이 이렇게 말할 수 있는 이유다.

독자들에게 이것을 기억하라고 당부한다.
옛 원칙을 고수하라.
옛 길을 버리지 말라.
형식과 의식을 늘리고, 전례 의식서를 끊임없이 읽고, 자주 성찬을 행하는 것이 하나님의 말씀의 강력하고 열정적인 설교만큼 영혼에 유익을 줄 것이라고 믿도록 유혹하지 못하게 하라.
설교가 없는 일일예배(성공회에서 아침과 저녁에 설교 없이 기도, 찬송, 성경 낭독, 묵상 순으로 진행되는 예배-역자 주)는 얼마

---

13 James Durham, *The Blessed Death of Those Who Die in the Lord* (repr., Morgan, PA: Soli Deo Gloria, 2003).

안 되는 소수의 신자에게 감사와 교정과 만족을 줄 수 있지만, 대다수의 사람에게 다가가고, 끌어들이고, 주의를 끌고, 사로잡지는 못할 것이다.

수많은 사람에게 선을 행하고 그들의 마음과 양심에 다가가고 싶다면, 위클리프(Wycliffe), 라티머(Latimer), 루터(Luther), 크리소스톰(Chrysostom), 그리고 성 바울(St. Paul)의 발자취를 따라야 한다. 그들은 사람들의 귀를 통해 공격해야만 하며, 영원한 복음의 나팔을 크게 불어야만 하고, 말씀을 설교해야 한다.[14]

규정적 원리를 고수하는 사람들은 설교에 대한 높은 견해를 갖고 있으며, 오늘날 설교로 간주되는 바 인간성이 이끄는, 신학적으로 공허한, 피상적으로 실용적인 지나가는 독백에 시간을 낭비하지 않는다.

올드(Old)는 이렇게 말한다.

> 처음부터 설교는 성경 읽기의 설명으로 여겨졌다. 그것은 단순히 어떤 종교적 주제에 대한 강의가 아니라, 성경 단락에 대한 설명이다.[15]

---

14 J. C. Ryle, *Light from Old Times* (London: Chas. J. Thynne & Jarves, 1924), 7–8.

15 Old, *Worship*, 59–60. 또한, 동일 저자의 다음 책도 보라. *The Reading*

바울은 디모데에게 "말씀을 전파하라"(딤후 4:2)고 말한다. "강해적, 순차적, 구절 별, 책 별로 성경 전체를 통해 설교하는 것은 많은 교부(예를 들면, 크리소스톰(Chrysostom), 어거스틴(Augustine), 모든 종교개혁자, 그리고 그들의 최고의 후계자들 이후 줄곧 이어진 실천이었다. 설교된 말씀은 개혁주의 예배의 중심적 특징이다."[16]

3) 성경을 기도하라

우리는 성경을 기도해야 한다. 우리는 목회 기도(pastoral prayer)를 이전의 존엄한 자리로 회복해야 한다. 우리의 기도는 성경의 언어와 사상으로 물들어 있어야 한다.

아마도 오늘날 개혁주의 교회에서 규정적 원리에서 가장 명확하게 벗어난 한 부분은 바로 이 실질적인 기도의 부재일 것이다. 그러나 아버지의 집은 "기도의 집"이라고 예수님께서 말씀하셨다(마 21:13).

테리 존슨은 이렇게 주장한다.

---

and Preaching of the Scriptures in the Worship of the Christian Church (Grand Rapids: Eerdmans, 1998), esp. vols. 1–2.

[16] Terry Johnson, *Reformed Worship: Worship That Is according to Scripture* (Greenville, SC: Reformed Academic Press, 2000), 35.

개혁주의 교회의 강단 기도는 성경적이고 신학적인 내용으로 풍성해야 한다.

우리는 성경에서 기독교적 묵상의 언어를 배우지 않는가?
우리는 성경에서 고백과 참회의 언어를 배우지 않는가?
우리는 성경에서 기도로 믿고 청구할 하나님의 약속을 배우지 않는가?
우리는 성경에서 하나님의 백성을 위한 하나님의 뜻, 하나님의 명령, 하나님의 소원을 배우지 않는가?

이 모든 것이 사실이므로, 공적 기도는 성경의 언어를 반복하고 반향해야 한다. 이것은 한때 널리 이해되었다.
매튜 헨리(Matthew Henry)와 아이작 왓츠(Isaac Watts)는 여러 세대 동안 개신교 목회자들이 성경의 언어로 기도하도록 훈련시킨 기도 지침서를 만들었으며, 오늘날에도 여전히 사용되고 있다. 휴즈 올드(Hughes Old)도 최근에 비슷한 작업을 했다.[17]

---

[17] Johnson, *Reformed Worship: Worship That Is according to Scripture*, 36–37. 언급된 책들은 Matthew Henry, Method for Prayer, ed. J. Ligon Duncan III (Greenville, SC: Reformed Academic Press, 1994); Isaac Watts, *A Guide to Prayer* (repr., Edinburgh: Banner of Truth, 2001); and Hughes Oliphant Old, *Leading in Prayer* (Grand Rapids: Eerdmans, 1995).

여기서 요구하는 것은 작성된 기도를 읽는 게 아니라, 연구된 자유로운 기도다. 목회자들은 공적 예배의 인도를 준비하면서 성경의 언어를 캐내는 데 시간을 써야 한다.

4) 성경을 노래하라

우리는 성경을 노래해야 한다(시 98:1; 느 12:27, 46; 마 26:30; 행 16:25; 엡 5:19; 골 3:16; 계 5:9). 비록 교회의 이 놀라운 송영의 자원을 간과해서는 안 되지만, 이것은 우리가 오식 시편만을 노래하거나 성경의 언어만을 노래해야 한다는 의미는 아니다.

"성경을 노래하라"는 것은 우리의 노래가 성경적이어야 하며, 성경의 언어, 범주, 신학으로 가득해야 한다는 의미이다. 그것은 성경의 주제와 비중을, 또한 그 본질과 무게를 반영해야 한다.

존슨(Johnson)은 다음과 같은 조언을 제공한다.

> 우리의 노래는 성경적이고 신학적인 내용으로 풍성해야 한다. 현재의 음악에 대한 분열은 우리 예배 전쟁의 중심에 있다. 그러나 몇 가지 원칙은 충분히 쉽게 식별할 수 있어야 한다.

첫째, 기독교 예배의 노래는 어떤 모습일까?

그것은 시편처럼 보인다. 개혁주의 개신교는 때때로 오직 시편만을 노래했다. 그러나 이것이 우리 각자의 확신이 아니라 할지라도, 우리 각자는 여전히 시편 자체가 노래되어야 한다는 것과 시편이 기독교 찬송가의 모델을 제공해야 한다는 것을 인정해야 한다.

우리가 예배에서 부르는 노래가 시편과 닮는다면, 그것은 많은 줄에 걸쳐 주제를 발전시킬 것이고 최소한의 반복만 할 것이다. 그것은 신학적이고 경험적인 내용으로 풍성할 것이다. 그것은 하나님, 인간, 죄, 구원, 그리스도인의 삶에 대해 더 많은 것을 우리에게 말해 줄 것이다. 그것은 인간 경험과 감정의 전체 범위를 표현할 것이다.

둘째, 기독교 예배 노래는 어떤 소리를 낼까?

많은 사람이 하나님께서 우리에게 악보를 주지 않으셨다고 성급하게 지적한다. 맞다. 그러나 하나님께서는 우리에게 가사의 책(시편)을 주셨고, 그 형식은 사용될 곡조의 종류를 결정하는 것에 큰 역할을 할 것이다.

간단히 말해, 곡조는 가사에 맞춰질 것이다. 그것은 몇 줄과 연을 통해 실질적인 내용을 전달할 만큼 충분히 정교할 것이다. 그것은 최소한의 반복만 사용할 것이다. 그것은 시편과 성경에 기초한 기독교 찬송가의 감정적 분위기에 적합할 것

이다. 성경을 노래하라.[18]

5) 성경을 보라

우리는 성경을 봐야 한다. 우리는 "성경을 본다"고 말하는데, 이는 하나님의 성례들이 "보이는 말씀"(어거스틴의 표현)이기 때문이다. 성례들(세례와 주의 성찬)은 기독교 예배의 유일한 두 가지 명령된 드라마다(마 28:19; 행 2:38-39; 골 2:11-12; 눅 22:14-20; 고전 11:23-26). 그 안에서 우리는 하나님의 약속을 본다.

그러나 우리는 또한 성례에서 말씀을 보고, 냄새 맡고, 만지고, 맛본다고 말할 수 있다. 다른 은혜의 수단에서, 하나님은 듣기를 통해 우리의 마음과 양심에 말씀하신다. 성례에서, 그분은 독특하게 우리의 마음과 양심에 다른 감각들을 통해 말씀하신다. 감각 안에서, 감각을 통해, 감각을 향해 하나님의 약속은 유형화된다.

성례는 언약의 표(sign)와 인침(seal)이다. 이는 그것이 우리에게 하나님의 약속을 상기시키고 확증한다는 것을 의미한다. 즉, 그것은 하나님의 백성에게 주신 은혜로운 약속을 가리키고 확증하는 것이다.

---

[18] Johnson, *Reformed Worship: Worship That Is according to Scripture*, 36-37.

다른 말로 하면, 성례는 하나님의 능력과 은혜로 이루어진 언약적 현실을 표시하고 인(印) 치는 하나님께서 만드신 행위이며, 그 중요성은 하나님의 말씀에 의해 전달되고, 그 현실성은 믿음으로 받아들여지거나 참여하게 되는 것이다. 이런 이유로 인간 믿음의 약점과 연약함은 이 은혜로운 재확신의 행위를 환영한다.

그래서 복음 진리의 이러한 가시적 상징들은 우리 공동예배의 일부로 행해져야 한다. 얼마나 빈번하더라도, 그것은 특별한 것이므로 모든 예배에 필수적이지는 않음을 명심해야 한다. 이는 그것을 조금이라도 폄하하는 것이 아니다.

결국에 성례들은 본질적으로 말씀에 제시된 약속에 보충적이고 확증적인 것이며, 그 안에서 전달되는 은혜는 설교의 방편을 통해 제시된 은혜와 동일하다.

이것이다. 여기 간략하게 정리된 개혁주의 예배 프로그램이 있다. 그것은 단순하고, 성경적이며, 전달 가능하고, 유연하며, 경건하다.

6) 단순함

개혁주의 예배는 복잡한 의식이나 정해진 공동기도서를 필요로 하지 않으며, 성경에서 발견된바 새 언약 예배의 본질을 제공하는 교훈과 모범, 이를 통한 꾸밈없고 소박한 원칙과 질서에 기반을 둔다.

물론, 개혁주의적 복음주의 안에서 형식적 전례의 갱신을 옹호하는 소수의 지적이고 문학적인 운동이 있다.

이 운동은 성례에 대한 루터주의적 관점에 더 열려 있고 (머서스버그[Mercersburg] 신학[19]을 통해), 일반적으로 웨스트민스터 예배 모범과 청교도 예배에 대해 가차없이 평가한다.

주로 초대 교회와 스트라스부르(Strasbourg)와 제네바(Geneva)의 초기 개혁파 전례의 공헌을 강조하고, 그 중요성에 대한 19세기 후반 스코토-가톨릭(Scoto-Catholic)의 해석을 무의식적으로 채택하여, 개혁주의와 복음주의 공동예배를 "전례화"하려 하고 있다.[20]

이 그룹은 올드가 "전례적 낭만주의"(우리가 부처[Bucer]의 전례로 돌아갈 수만 있다면, 오늘날 교회에서 모든 것이 바로잡힐 것이라는 관점)라고 부르는 것을 주장한다.

이러한 개혁의 노력은 많은 훌륭한 젊은 보수적인 개혁주의 목회자의 상상력을 사로잡고, 더 넓은 복음주의 내에서 나타나는 "위대한 전통" 운동과 친밀한 관계를 공유하는

---

[19] 머서스버그(Mercersburg) 신학은 19세기 중반 미국의 네빈[Nevin]과 샤프[Schaff]가 주도한 신학 운동으로 성례전의 중요성을 강조했다.-역자 주.

[20] 이러한 경향에 대한 대표적인 사례는 Jeffrey J. Meyers, *The Lord's Service* (St. Louis: Providence Presbyterian Church, 1999)에서 발견된다.

것처럼 보인다.

그러나 이것은 우리의 소명이 아니다. 우리의 소명은 더 단순하고 더 심오한 것이다. 우리는 그들이 얼마나 품격 있고 심지어 개혁주의 예배와 일치하는가에 상관없이, 교회를 과거의 고정된 형태로 부르는 것이 아니다. 대신에 우리는 교회를 성경으로 부르고 있다. 그것의 단순한 원칙과 모범으로.

7) 성경적

우리는 이 주장을 거듭거듭 했으므로, 여기서 반복하거나 요약하지 않겠다. 다만 두 가지를 언급하겠다.

첫째, 많은 오늘날 예배 이론가가 공동예배의 형식, 특히 음악적 형식을 문화적 유행에 맞추려 노력하고, 그러한 문화적 적응을 문화에 도달하는 열쇠로 보는 반면에, 종교개혁자들은 그런 것에 거의 관심이 없었고 그 형식이 성경적이 되는 것에 더 관심을 두었다.

둘째, 규정적 원리가 촉진하는 예배 유형에 대한 최근의 일반적인 비판은 다음과 같다. 역사적 개혁주의 예배의 많은 부분이 북유럽 문화에서 파생된 것이며, 교회를 과거 문화에 너무 밀접하게 묶어 둔다는 것이다.

둘째 부분에 대해, 어떻게 답변할 수 있을까?

역사적 개혁주의 예배가 정말로 북유럽 문화를 교회의 실천에 강요한 것인가?

아니다!

역사적 개혁주의 예배의 원칙과 요소가 북유럽 문화에서 파생된 것인가?

단호히 대답하는데, 아니다!

그것들은 성경에서 파생된 것이며, 아마도 그 어디서보다 종교개혁과 종교개혁 이후의 개혁주의 전통에서 가장 완전히 구현되었을 것이며, 오늘날 모든 대륙의 교회에서 나타나고 있다.

역사적 개혁주의 예배가 본질적으로 북유럽 문화라는 주장은 오늘날 유명한 주장인 "오직 은혜로, 오직 믿음으로"인한 칭의 교리가 16세기 유럽에서 기원했다는 주장이나, 19세기 미국 프린스턴에서 성경 무오성 교리를 발명했다는 오래된 헛소문만큼이나 설득력이 없다.

이러한 일고의 가치도 없는 주장을 하는 바로 그 사람들 스스로가 기독교 예배를 보잘것없는 하위 문화에 맞추기 위해 열심히 일하고 있다는 것은 아이러니하다.

500년 전 유럽에서 회복된 역사적 예배 규범은 유럽에서 기원한 것이 아니다.

그것은 유대적이다!

이는 유럽 문화(만일 우리가 그 시대의 그러한 것으로 부를 수 있다면)가 현재 우리가 "역사적 예배"라고 부르는 것에 아무런 영향을 미치지 않았다는 것이 아니라, 종교개혁자들과 그 후계자들은 그들의 문화를 수용(또는 예배의 형태를 통해 구속)하기보다, 하나님의 말씀에 따라 예배를 드리는 데 더 관심이 있었다는 것을 의미한다.

8) 전달 가능함

개혁주의적 예배는 성경적 예배 원칙에 헌신하는 역사적 개혁주의 교회가 있는 모든 상황과 문화에서 작동해 왔다. 그것은 또한 더 정교한 고교회 형식이나 더 전자적이고 오락 지향적인 현대적 예배 형식들보다 선교 사역을 위해 더욱 문화적인 전파력을 가진다.

이 원칙이 전 세계적으로 어떻게 적용되는지에 대한 예시는 쉽게 제공할 수 있다. 다음과 같은 다양한 환경에서 그것을 찾을 수 있다.

페루 안데스 산맥의 카하마르카(Cajamarca)에 있는 알론조 라미레즈(Alonzo Ramirez)의 작은 회중은 그들이 손수 만든 건물에 모인다. 그들은 때때로 스페인어 성경의 시편 본문에서 직접 노래하고, 때로는 페루 곡조, 때로는 미국과 영국 곡조를 사용한다. 이 지역은 명목상으로는 로마가톨릭이지만, 경제적으로 빈곤한 환경에서 역사적 개혁주의 예배가 회중을 모으고 있다.

필라델피아의 유명한 제10장로교회(Tenth Presbyterian Church)에서는, 천 명이 넘는 사람들이 라벤나(Ravenna[고대 서로마제국 수도-역자 주])에 있는 고대 교회를 건축적으로 연상시키는 커다란 19세기 건물에 모여 장엄하고, 단순하며, 경건한 찬양으로 역사적 개혁주의 개신교 예배에 참여한다.

그들은 아주 오랜 옛날부터 존재해 온 일정한 순서를 사용하여 전통적인 찬송가와 긴 성경 낭독, 유능한 필 라이큰(Phil Ryken)의 무게 있는 설교로 하나님을 경배한다.

또는 필라델피아 서부로 건너가서 그리스도해방교회(Christ Liberation Fellowship)의 랜스 루이스(Lance Lewis)를 방문하면, 역사적 개혁주의 예배에 진중하게 헌신된 신실한 아프리카계 미국인 목사를 만날 것이다.

인도의 켄 톰빙(Khen Tombing)이 개척한 여러 회중에서도 이를 볼 수 있다. 가장 단순한 구조로, 종종 위험한 조건에서, 가난과 테러에 시달리는 사람들이 매 주일에 모여 선포되는 은혜의 교리를 듣는다.

그들의 예배는?

성경을 읽고, 성경을 설교하고, 성경을 노래하고, 성경을 기도하는 것이다. 물론 관습과 순서에는 차이가 있지만, 예배는 알아볼 수 있으며, 켄은 그의 사람들에게 말씀의 양식을 먹이기 위해 위대한 로버트 G. 레이번(Robert G. Rayburn)의 강해적 전통을 의도적으로 따르고 있다.

데이비드 로버트슨(David Robertson)이 현재 목회하고 있는 스코틀랜드 던디(Dundee)의 성베드로자유교회(St. Peter's Free Church)에서도 이것은 나타난다.

이 유서 깊은 옛 건물의 교회는 한때 로버트 머레이 맥체인(Robert Murray M'Cheyne)의 강단이었던 곳으로, 다양한 문화적 배경을 가진 사람들로 가득 찬 젊고 성장하는 포스트모던 회중을 수용하고 있다.

그들의 교회에서는 약 열두 가지 언어를 들을 수 있고 그들은 던디의 도심을 전도하고 있으며, 스코틀랜드 전역에 걸쳐 교회 개척 운동을 촉진하고 있다. 물론, 그들의 예배는 성경을 읽고, 성경을 설교하고, 성경을 노래하고, 성경을 기도하는 것이다.

신실한 윌리엄 카스트로(William Castro)가 사역하는 페루 리마(Lima) 빈민가의 로스올리보스(Los Olivos) 회중에서도 이를 볼 수 있다. 이 교회는 부랑아들로 가득하고, 빈곤이 만연한 가운데, 이 신실한 지역교회는 성경을 읽고, 설교하고, 기도하고, 노래하고 있다. 새로운 페루 시편 찬송가는 페루, 미국, 스코틀랜드, 웨일즈, 잉글랜드, 프랑스, 독일, 스위스, 이탈리아, 이집트, 중세 유대 기원의 곡조를 연주한다.

또한, 케임브리지에서 교육을 받은 마크 데버(Mark Dever)가 회중을 모은 워싱턴 DC의 캐피톨힐침례교회(Capitol Hill Baptist Church)에서도 이를 볼 수 있다.

그들의 음악 형식들 중 일부는 현대적일 수 있지만, 그것들은 충실하고 도전적이며 경건하고, 그들의 예배 순서는 목회적 결단에 따라 매주 바뀐다. 설교는 보통 한 시간 이상이다.

그들의 예배를 나는 어떻게 특징지을 수 있을까?

성경을 읽고, 성경을 설교하고, 성경을 노래하고, 성경을 기도하는 것이다.

대서양 건너 런던의 그로브 채플 캔버웰(Grove Chapel, Camberwell)로 가서 마크 존스턴(Mark Johnston)이 신실하게 말씀을 선포하는 것을 보라.

그곳에서 무엇을 발견할 수 있는가?

역사적이고, 단순하며, 경건한 개혁주의 개신교 예배다.

남쪽으로 내려가 남부 사하라 아프리카 말라위(Malawi)의 푸른 숲으로 이동해 보라.

어거스틴 음푸네(Augustine Mfune)의 수천 회중이 주일 아침에 모일 때 무엇을 하는가?

그들은 성경을 읽고, 성경을 설교하는 것을 듣고, 노래하고, 기도한다.

런던으로 돌아오면 (딕 루카스[Dick Lucas]가 목회하던) 성헬렌 비숍스게이트(St. Helen Bishopsgate)가 있고, 사바나(Savannah)의 독립장로교회, 제네바식 예배 순서를 사용하는 호주 멜버른(Melbourne)의 롤랜드 워드(Rowland Ward) 목사가 섬기는 교회 (호주 동부의 낙스장로교회), 내가 아는 일본과 이스라엘의 개혁 교회도 있다.

그 누구도 역사적 개혁주의 예배는 전달되지 않는다든가 앵글로-아메리칸 문화 외부에서 작동할 수 없다든가, 포스트모던 세대의 맥락에서 작동하지 않는다고 말하지 않게 하라.

9) 유연함

개혁주의 예배는 일률적 패턴을 만들어 내지 않는다. 웨스트민스터 공적 예배 모범의 지침을 따르는 것이 공동예배의 형식과 상황에 있어서 다양성이나 상이한 문화적 표현들을 제거하지 않는다(이러한 것이 예배의 방식을 논할 때 확실히 '최우선적인 것'이 아님을 의미하는 것이지만).

방금 언급한 교회들을 다시 생각해 보라. 이들은 침례교, 장로교, 회중교, 저교회파(low-church) 성공회 전통을 대표하며, 여섯 개 대륙에 걸쳐 있으며, 제1세계와 3분의 2세계에서, 모든 사회 계층에 사역하고 있는데, 이들은 역사적 개혁주의 개신교 예배의 길을 따르고 있다.

그들 각각의 전례는 장단점을 갖고 있으며, 음악적 형태도 다양한데 어떤 교회는 더 현대적인 것을 사용하고, 다른 교회는 덜 사용하며, 그들의 예배 순서의 강조점도 눈에 띌 정도로 다르고 상당한 다양성이 그 가운데 있지만, 그 모든 교회에서 기독교 교회가 20세기 동안 이렇게 예배해 왔다는 것을 잊어버리기는 어렵다(오늘날 많은 북미와 유럽 복음주의 교회에서 말할 수 있는 것보다 훨씬 더 그러하다).

그들과 함께 예배하면 진부함이나 일시적인 유행을 찾기 어려울 것이며, "너보다 더 관련성이 있다"(more relevant than thou, 최신 트렌드를 받아들이면서 전통적 방식은 진부하다고 여기는 표현-역자 주)라는 과시적 행동도 없다.

고기와 감자 요리처럼 단순하고, 영적이며, 열정적이고, 성경적이며, 경건한 예배만 있다. 그리고 이 회중은 역사적 개혁주의 예배가 하나님을 예배하는 것과 기독교 제자도를 함양하는 것, 그리고 유행을 따라가는 주변 교회들(북미로부터 수출되어 어디든지 있는 그런 교회들)의 접근 방식보다 심지어 문화적으로 적응하는 것에도 더 나음을 발견하고 있다.

10) 경건함

개혁주의 예배는 경건하다.

예배가 하나님과의 만남이라면, 어떻게 그렇지 않을 수 있겠는가?

개혁주의 예배의 최고 특징은 바로 하나님의 위대함에 대한 경외심과 경건함이다. 앞서 언급한 모든 목회자와 회중은 다음과 같은 올드(Old)의 말에 동의할 것이다.

> 개혁주의의 전례적 유산이 현대 개신교에 기여할 수 있는 가장 큰 하나의 기여는 … 하나님의 위엄과 주권에 대한 감각, 경건과 단순한 위엄에 대한 감각, 예배가 그 무엇보다도 하나님을 찬양하기 위해 존재해야 한다는 확신이다.[21]

그러므로 이것이 우리의 공동예배 선언서, 교회의 송영적 개혁(doxological reformation)을 위한 우리의 요청이다.

> 오직 성경(*Sola Scriptura*)!
> 오직 하나님께 영광(*Soli Deo Gloria*)!

---

21 Old, *Worship*, 176-77.